灣風土系列⑤

河流的故事

審訂：施志汶
文：莊華堂、葉媛妹
封面繪圖：徐建國
內頁繪圖：陳炫諭
劉素珍

編者的話

近幾年來，政府積極推動鄉土教育，希望國中、小學學生能對台灣的風土文物有所認識。然而學校老師爲了豐富自己鄉土的素養與知識，卻有資料難尋之感。聯經出版公司在出版金鼎獎童書《台灣歷史故事》之後，獲得各界熱烈回響，不時有家長、老師建議繼續開發、延伸此一系列著作。

有鑑於此，聯經出版公司經過資料蒐集與規劃，邀請兒童文學作家執筆，專業的史學、科學教授審校，並由插畫者配上精緻的插圖。於是一篇篇豐富又有趣的台灣風土系列故事，再次呈現在讀者面前。

《台灣風土系列》全套共十冊，包括：《開發的故事》、《民間信仰的故事》、《習俗的故事》、《海洋的故事》、《河流的故事》、《動物的故事》、《植物的故事》、《住民的故事》、《物產的故事》、《山脈的故事》。

本系列以說故事的筆法敘述，以主題事物爲主軸，涵蓋歷史、人文、自然、科學與生活，適合國小中、高年級以上的學生閱讀。相信閱讀過這套叢書之後，人人都能認識台灣風土，並對我們的生活與習慣有更多的了解。

序

莊華堂

你知道淡水河的源頭在哪裡?你知道濁水溪的上源由哪些山溪匯流而成?你知道高屏溪有多長?

可能大多數的人都不清楚。

就在寫這篇序文的幾天之前，我跟採茶文化工作室的夥伴，到埔里盆地作田野調查，回程時在國姓鄉迷路了，問了路旁一個客家婦，她好心的告訴我，如何如何走，然後在水無流的地方右轉過橋。我們依照她的指示，找不到那個地點，卻在橋的前方找到一個水長流的站牌。

當然依過去多年的田調經驗，我知道這個叫做水長流的村落，就是那個客家婦所說的水無流。至於爲什麼從水無流變成水長流，背後該有一段耐人尋味的故事。

我把汽車停在橋旁小歇，靜靜的欣賞那座造型古典、曲線優美的石橋，尤其是橋下那泓從山上沖刷下來的清泉。雖然是入春季節的枯水期，那豐沛而清可見石的水，令旅程勞累的我，差點流連忘返。

可是暮色愈來愈重了，而那顆紅日頭，早已躲到前方那綿亙而不知名的山頭。我們必須在入夜之前，穿越八幡崎古道的隘勇線，繞道泰雅族的白毛社、天狗社的勢力範圍。你知道嗎？就在一百年前，他們在日本人的統治下，還在這條路上出草獵人頭。

可是那片蒼翠的山、碧綠的水，眞教人捨不得離開呀！

目次

中港溪——矮人之歌……1
濁口溪——岩雕神話……13
隘寮溪——雲豹傳說……25
荖濃溪——妖怪台傳奇……35
愛河——打狗社與鹽埕埔……45
白水溪——甘牧師與吳大老……59
景美溪——大夫廟與鐵觀音……71
基隆河——產金之河……85
新店溪——香魚的故鄉……93
大嵙崁溪——再見，樟樹……105

立霧溪——大理岩奇觀……115
七家灣溪——國寶魚傳奇……125
美濃雙溪——黃蝶的天堂……137
淡水河——台北盆地的母親……149
濁水溪——台灣第一大河……165
高屏溪——南台灣第一大河……183
秀姑巒溪——母親胸崁的奶水……201
蘭陽溪——青番公與吳沙……219

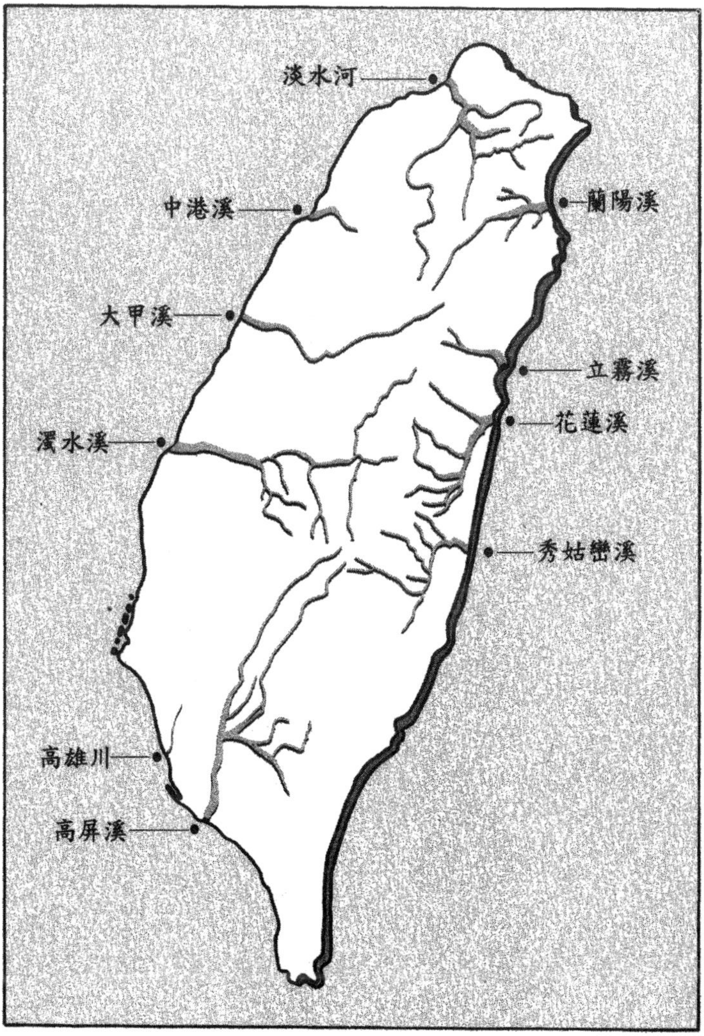
淡水河
中港溪
蘭陽溪
大甲溪
立霧溪
花蓮溪
濁水溪
秀姑巒溪
高雄川
高屏溪

中港溪——矮人之歌

苗栗縣的中港溪流域，是客家籍移民拓墾的地區，番仔駙馬黃祈英、痾屎嚇番的黃南球，都曾在本地區留下拓荒的足跡，特別是中港溪上源的向天湖地區，是賽夏族每兩年舉辦一次矮靈祭的場地，那裡流傳著一個矮人與原住民之間的恩仇神話……。

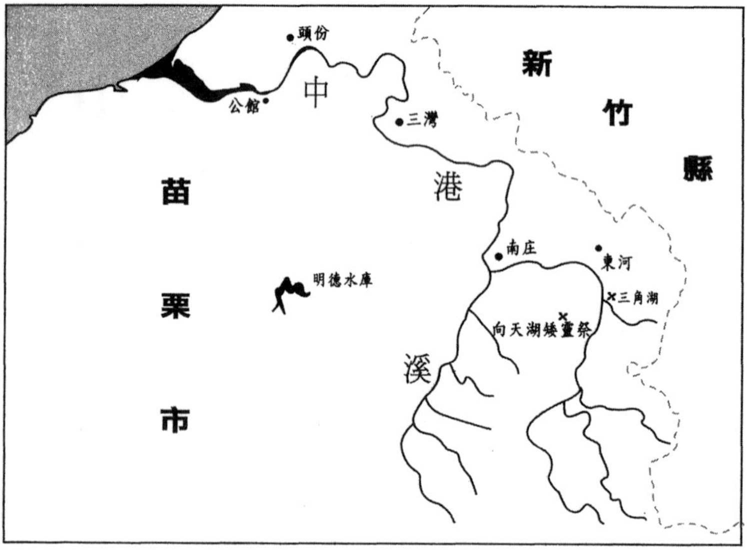
頭份
公館
中
港
溪
三灣
新
竹
縣
苗
栗
市
明德水庫
南庄
東河
三角湖
向天湖矮靈祭

客運車過了頭份街之後，念湖發現阿太竟然把頭倚在車窗上睡著了。念湖沒有叫醒老人家，他只是好奇的注視著老人家白色的長鬍子，飄散到車窗外，似乎向那片綠色的稻禾打招呼——阿太曾經告訴過他，中港溪北岸那一大片田野，很久很久以前是他們朱家的祖產。

今年十六歲，從來沒有下過田的念湖，當然對這片田野沒有興趣，不過他喜歡田野南邊那條溪，這時應該是蘆葦花盛開的季節吧，他希望能夠早點長大，然後像他的兩個哥哥一樣，在十月的假期，帶著城裡泡來的馬子，來這裡看蘆花。二哥告訴過他，特別是太陽下山之際，白色的蘆花映著金紅色的晚霞，非常的詩情畫意。

念湖想，阿太眞是太老了，不懂得我們年輕人的詩情畫意。念湖轉頭凝視著老人家滿布大小斑點的臉，他想著阿太不知道究竟幾歲了？阿公明年就七十了，那阿

•客家人稱曾祖父爲「阿太」。

•帕達矮卽 Paftauay 矮人祭，又稱矮靈祭，爲賽夏族一年中最重要的祭典，每年農曆十月十五日，分別在新竹五峰大隘、苗栗南庄向天湖舉行。

•「係」是客語「是」的意思。

太應該九十好幾，或者有一百歲了吧？可是老人家不在三重的新家睡覺，偏要在車上睡；還非要他陪著，回到向天湖，去參加那個「帕達矮」不可。本來他是不肯的，可是阿太生氣的說：「我們身爲賽夏族，怎麼可以不回去感謝『達矮』。」

如果不是阿太提醒，念湖早已忘了自己是賽夏族。從前在南庄念小學的時候，他和班上的同學，大家都使用客家話，從來也沒有分誰是客家人，誰是賽夏人，即使回到南獅里興的家和父母也一樣講客家話。這下怎麼又變成賽夏人呢？

「阿湖，南庄到了係否？」老人家睡醒了急著問。

「喔，阿太，」念湖瞥了一下窗外，說：「還沒到，才到斗換坪。」

老人家垂注著窗外那片翻飛著蘆花，寬闊而布滿大小卵石的中港溪床，說：「唔，沒不錯，係斗換坪。」

過了一會兒，老人家指著溪床中央那片田野，「那是溪心壩。係溪心壩沒不錯。」阿太瞇著眼睛，似乎陷入沈思之中。一會兒又喃喃自語起來：「你記得斗乃吧，那個斗乃呀……」

「阿太，你說什麼？」

阿太回過了神，問他：「你不知道那個番仔駙馬，斗乃嗎？」

念湖尷尬的邊笑邊搖頭表示不解。「好，阿太挔你講……」

老人家搓著鬍子，正色的說：「那個斗阿乃，是客家人，來到田尾庄，娶了我們族裡的女人，然後改名斗阿乃，本來他叫做……叫做黃斗換……不對，是黃……」老人家想了半天，仍記不起來，「反正姓黃就對

• 斗換坪在今苗栗縣頭份鎮斗換、新華二里，位中港溪大曲流北岸河階上。早年客家人來這裡開闢時，番人便來和他們交易，斗換就是「物物交換」的意思，所以把地名稱爲斗換坪。

• 「挔」是客語「跟」的意思。

了。」

念湖說：「姓黃的人太多了，我念南庄的時候，姓黃的就占了三分之一。」

「斗阿乃當了番仔駙馬之後，就順著中港溪一路開墾上來。」阿太望著逐漸上山的道路說：「然後是三灣、內灣、大北埔、大南埔，一直到田尾，都變成他們客家人的領土……，斗阿乃還算好，他是用文的，可是也不得好死，後來在南路地區，發生福佬人和客家人相殺，客家人打輸了，逃到三灣，斗阿乃替他們出頭，帶我們的族人，一路打出去……」

念湖聽出了一點興趣，急忙問：「後來呢？」

阿太嘆了一口氣：「被官兵捉去了，這樣……」老人家用右手掌在脖子邊畫了一下，然後停了好一陣子，似乎又陷入沈思中，良久才說：「你知道大南埔那邊一

•斗乃是苗栗地區大墾首黃祈英的小名。黃祈英是客家人，在嘉慶十年，到斗換坪與當地土著交易，深得本地區道卡斯平埔族及賽夏族人的信任，於是進一步開墾番界，並娶賽夏族女人爲妻，且改名爲「斗乃」。

•大墾首指台灣在拓荒年代，開墾農民中的頭人。

個叫做屯營莊的地方嗎？」

念湖搖頭，抬頭看到前面的獅頭山。阿太指著溪的對岸說：「斗阿乃死的時候，清朝派了一個把總，在三灣屯兵設隘，接著客家人渡溪開墾，所以把它叫做屯營莊，那裡住的都是張姓家人。」

客運車爬過獅頭山下之後，又順著溪谷轉向南邊，念湖注意到溪床變小，而各式各樣的石頭卻變大了。

「阿湖，到哪裡了？」阿太又問。

「哦，剛過了田美。」

「是田尾。」阿太糾正他說：「這裡是當年斗阿乃開墾的最尾端，所以叫田尾。」

「可是，現在南庄街仔住的都是客家人呀？」

「那是後來新竹縣城的林汝梅，以及丑仔滿來南庄之後……」

- 道光六年，彰化縣發生閩客械鬥，客家人敗北後，至南庄投靠斗乃，斗乃煽動土著出擾中港（今竹南）地區，經閩浙總督孫爾準派兵鎮壓，擒獲斗乃，判處死刑。
- 獅頭山位在三灣鄉、南庄鄉、峨眉鄉之交，海拔四百八十二公尺，是台灣中北部地區的佛教聖地。
- 把總是清代武職官的七品武官。

「丑仔滿是誰？」

「連丑仔滿都不知道，唉！」阿太嘆了一口氣，「就是那個痾屎嚇番出名的丑仔滿呀。」

阿公看了一眼前方那座山腳下的山城，繼續說：「那個林汝梅，自恃他們林家有錢有勢，跟我們來武的——帶了近百個佃丁，拿刀拿棍的到南庄設隘，侵占我們族人的土地，被我們團團包圍……」

「後來呢？」

「還好那個客家人丑仔滿救了他，丑仔滿是個大英雄，人高馬大，穿了一雙大草鞋，南庄的土地只要被他的大草鞋踩過去，後來就變成他的了。」阿太說到這裡，聲音愈來愈小，最後似乎進入昏迷狀態。念湖試著搖醒他，卻聽到老人家的打鼾聲。客運車到了南庄街上，大部分的旅客都下車了，有一個客家老人跟阿太打

•清代爲了防止番人侵犯漢人移民墾區，在漢番邊界上設隘勇線，派隘丁防守，隘寮就是隘丁駐防之處。

•田尾在今南庄鄉田美村，在中港溪曲流右岸，是當年黃祈英入墾中港溪流域，最東邊的聚落，所以老地名叫田尾，因客家話「尾」與「美」音近，後來改稱田美。

招呼，並和念湖說：「南庄到了。」念湖靦覥的笑說：「我和阿太要去東河呢。」

過了橋之後，公路跑到溪的南岸，繼續向東行駛。念湖知道，這條從向天湖那邊流下來的溪，叫做上港溪，流到南庄之後，匯合了另外一條，才叫做中港溪。

這時，突然從後面傳來談話聲。

「他們真的這樣怕矮人嗎？」

「當然怕了，所以才要舉行矮靈祭呀！」

「那現在還有矮人嗎？」

「什麼時代囉，拜託！」

念湖回頭過去，看見後座是四個大學生模樣的年輕人笑成一堆。

念湖很小的時候，便聽過村裡的老人家說過矮人的故事，那時候年紀還小，不記得詳細情況，而且每個老

•丑仔滿是同治光緒年間，苗栗地區客家大墾首黃南球。拓墾的地方主要在大湖、獅潭、卓蘭等地，而三灣、南庄亦有部分墾地，主要是採樟腦油。

•林汝梅是清朝末年，新竹城名人林占梅的弟弟，光緒八年向福建巡撫請得官方墾批，集閩籍墾戶組成「金東和」墾號，以武裝佃丁入墾南庄，遭賽夏族人反抗包圍，幸賴黃南球率佃丁三百人，攻土著之背才解圍。

人的說法，似乎都不太一樣。他在一路顛簸中，試著努力去回想七、八歲那年齡的記憶……

大概是這樣吧！從前，我們族人來到南庄的時候，就跟一些矮人住在一起，最初大家和平相處，矮人還教我們族人種稻、唱歌和跳舞，可是矮人很好色，時常調戲我們的女人，於是族人就設計，當矮人在山枇杷樹上休息的時候，偷偷的把樹鋸斷了，讓矮人都掉到溪中淹死，只剩下一對老公公和老婆婆逃過一劫。老公公說，你們千萬不能殺死我，只有我能教你們唱矮人的歌，每年今天要唱給矮人的鬼魂聽，否則以後你們的稻仔就收不到穀子，家園將會荒廢。族人只好由老公公來教唱歌，結果只有姓朱的學會唱全部的歌……。

念湖望著阿太熟睡的臉，心裡想：也許，這是阿太堅持要回到向天湖的理由吧，因爲阿太姓朱呀！

•東河在今南庄鄉上港溪岸，舊大字爲北獅里興，原係南賽夏族領地，後來客家人入墾漸多，同化了許多賽夏族，現賽夏人大部分居住在獅頭驛社，而矮人祭場向天湖，亦在東河村內。

•矮人祭之夜，賽夏族人以小米及糯米做成米糕，以恭迎矮人回來食用。

「終站了，東河到了！」

司機在前座大聲叫嚷，原來全部的人都下車了，念湖趕快搖醒阿太，祖孫倆攙扶著走下車。

他們繞過前面的彎道，順著新鋪柏油的馬路，一步一步的爬上山。抬頭往前看，哇，這條拓寬的大馬路，一路塞著各式各樣的汽車，雙向停車的，直停到前面另一個彎道。

「阿太，眞的有矮人嗎？」念湖問。

「當然囉，他半夜還要來吃阿太做的米糕呢！」老人家高興的說。

念湖看著遠方的落日，暮色似乎一下子就把向天湖的山區籠罩了，山下那條溪已經看不見溪水了，只有一大片翻白的蘆花，排成一長列的隨風飛舞著，念湖想，那大概就是矮人的鬼魂回來了吧？

濁口溪——岩雕神話

濁口溪的上游在高雄縣茂林鄉境內，從前下三社魯凱族的萬斗壠舊社附近，深山密林之中，有一個叫做孤巴察峨的大石頭，是台灣罕見的史前岩雕，據說是一個原住民女人，在傷心無聊之餘用手指畫下來的……。

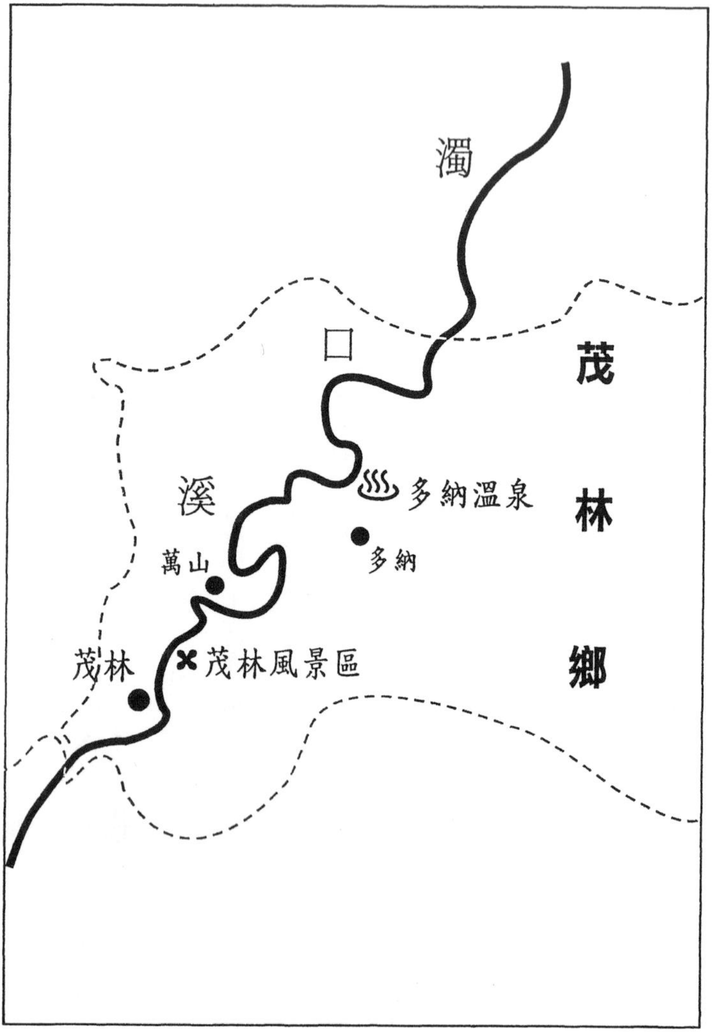
濁
口
溪
茂林鄉
多納溫泉
多納
萬山
茂林
茂林風景區

烏魯古在睡夢中被他的獵犬叫醒，但是烏魯古並沒有責怪牠。這隻毛色比他還要烏黑，跑得比他還快的獵犬，是他獨居在這片霧頭山區唯一而且忠實的夥伴。特別是烏魯古扛著獵槍出獵的時候，牠總是亦步亦趨的跟隨左右，然後在槍聲響起的刹那，躍動著雲豹般敏捷的身體，奔向槍聲流失的方向，追捕主人的獵物。

烏魯古聽得出來，獵犬帶著微笑的嗥叫聲是怎麼回事。他仍淸楚的記得今天是他的妻子莫妮卡，和兩個兒子上山的日子——因爲今晚是月圓之夜。

今年五十一歲的烏魯古，雖然喜歡在山上享受獨居而無拘束的歲月，但他仍盼望著家人團聚的日子。

想到兒子家吉、家祥，以及那搭築在斜坡平台上小小的家，他突然覺得溫馨起來。家吉今年上國三了，長得跟他一樣高，家祥晚他哥哥兩年出生，卻像一條剛成熟的黑熊一樣壯碩，可是身高卻比他的獵槍還短，像他那個從阿禮部落嫁過來的媽媽一樣，不過這樣的身體，可能更適合將來跟他一起去獵山豬。

去年暑假，家吉、家祥上山的時候，烏魯古帶著他們爬過萬頭蘭山鞍部，準備走回歐布諾伙舊社的時候，就在下方的萬山溪谷看到了山豬。家祥一看到那隻大約兩歲大的山豬，那股只有原住民才有的野勁便爆發出來，不聽他的喝阻便滑下了溪谷。烏魯古知道，那樣的猴急是獵不到山豬的，果然兩個兄弟垂頭喪氣的從密林中出來，猛灌了幾口溪水。烏魯古說沒關係，剛才那頭山豬還太小了，他指著溪谷上源說，我們的歐布諾伙舊社廢墟那邊，是山豬、山羌、白鼻心常去的地方，等我們的祖靈把牠們養大養肥之後，再來抓。

烏魯古來到獵寮外，他聽到獵犬在大斜坡上傳來的

- 阿禮在霧台鄉的北隘寮溪沿岸，是西魯凱族群的一個部落。
- 歐布諾伙是魯凱族下三社群的三個部落之一，漢譯名爲萬斗籠社，這個部落在民國四十六年移居到山下的萬山村。

汪汪叫聲，他仔細傾聽，是莫妮卡的腳步聲沒錯，他急忙走回獵寮，掛好開山刀，背上網袋，就往突巴哥方向走去，那是他們約定會面的地方。

突巴哥是獵徑和溪流的交會點，地名是烏魯古的父親那個時代，拉巴兀賴家族大頭目取的名字，因爲他曾在那裡發現一條五尺多長的百步蛇，同行的人大叫「突巴哥、突巴哥」，大頭目一行四人讓到路旁，讓蛇慵懶的爬入樹叢而消失，後來他們就把這個地方叫做突巴哥。

可是烏魯古到達突巴哥的時候，只看見家吉、家祥在那裡等候，沒有看到他多日不見的妻子。家吉告訴他，提提那突然決定一個人先回獵寮準備作飯，以備他們父子三人從孤巴察峨回來之後，有一頓熱騰騰的晚餐可享用。

• 突巴哥是魯凱語「蛇」的意思。
• 拉巴兀賴是萬斗籠社的大頭目家族，即呂家，日治時代大頭目爲呂山龍，曾被日本總督府頒授頭目章。
• 提提那是魯凱語，「母親」的意思。

•他瑪是魯凱語，「父親」的意思。

•孤巴察峨是萬山魯凱語，意思是「有紋路的石頭」。它位在萬頭蘭山北側的高位河階上，距萬斗籠舊社六公里。

家祥急著一睹孤巴察峨的美麗容顏，催促著他的他瑪趕快出發。於是父子三人沿著溪谷下滑，準備去看那個有許多雕紋的大石頭。

「他瑪，還有多遠？」才走一小段路，家祥就忍不住問，可是烏魯古只顧著走路，「眞的有許多圖案嗎？」「他瑪，我才不信，只用手指頭就能在大石頭上畫下那麼多東西？」

家祥一路上不斷提出諸如此類的問題，連家吉都覺得厭煩。

「等我們爬上孤巴察峨，你就知道了。」烏魯古只丟下這麼一句話，便不再多說。

其實家祥永遠記得，他在讀小學三年級那一年，就從部落的老人家口中聽到那個故事。

那是很久很久以前，他們族人還居住在歐布諾伙舊

•這則神話傳說中的女主角，從前一直是布農族女人，後來才證明是來自桃源鄉高中村的南鄒族。

社的時代，一個名叫荷絲的布農族女人，嫁來歐布諾伙之後，因爲背著丈夫與家人，偷偷的烤百步蛇吃，結果全家人都愈吃愈瘦，後來才發現女人有吃蛇的習慣。對族人來說，吃蛇是很嚴重的事，因爲那冒犯了禁忌。招致了家人的責罵，荷絲傷心的離開歐布諾伙，跑到了這個溪崖上的大石頭，利用七天的時間，在石頭上畫下這些雕紋的故事。

家祥初次聽到這則傳說故事的時候，小小的童稚心靈中，便對孤巴察峨那魂大石頭充滿了好奇，他多次問提提那關於孤巴察峨的故事，可是，提提那是從阿禮嫁過來的女人，北隘寮溪的女人怎麼會懂得濁口溪的事情？問了也是白問。

還好，等一下他瑪就要帶著他們去看那個有很多花紋的大石頭了，以了結他多年來的心願。此時，他瑪正走在前方，彎著身體攀爬那段巍然矗起的陡坡。家祥抬頭仰望，那段陡坡可能比高雄的長谷世貿大樓還要高，從溪床上高高聳立著；不過這個七十度角的大陡坡，應該還難不倒他瑪以及他們兄弟倆。

為了早一點看到孤巴察峨，家祥施展他雲豹般敏捷的身手，超越了家吉以及烏魯古，沒多久便攀上了頂端的平台。

「家祥，等一下」。

他瑪喚住了他。然後兩人也分別攀上平頂。烏魯古揮著開山刀，掃除溪岸邊的雜木林，邊砍邊說：「順著這條溪谷，你有沒有看到南方那兩個山頭？那是萬頭蘭山，山下那個台階就是我們歐布諾伙舊社。」烏魯古轉身往東邊眺望，黝黑的臉閃現著既興奮又虔敬的神采，他說：「你們看到雲端罩住的那個山頭嗎？那是出雲

• 萬頭蘭山在高雄縣茂林鄉，萬斗籠舊社南方，山名來自舊社「萬斗籠」的諧音。

• 出雲山海拔二千七百七十二公尺，內本鹿山海拔二千四百六十公尺，在高雄縣與台東縣邊界上，這片山區叫做「內本鹿地區」，在一百多年前是魯凱族的領地，後來布農族郡社群南侵，變成了布農族的勢力範圍。

• 萬斗籠社在清末日初之時，還獵人頭，人頭架就在大頭目拉巴兀賴家宅旁邊。

山，再南邊一點那座山，是內本鹿山，那裡是我們的發源地。」頓了一下，烏魯古加強語氣說：「我們魯凱人就像河川一樣，有他的源頭，這條萬山溪的源頭，就在那兩座山的鞍部。」

兩兄弟順著他瑪的手勢，在東方層層疊高的群山之中眺望。家吉問：「聽說，我們祖先也在馬里山溪邊住過？」

「對呀，在北方，萬山溪的上游那邊。」烏魯古轉向北方看了一陣，無奈的說：「雲太厚了，今天看不到，那地方原來是藍家的土地，後來施武郡人想要住那邊，就以一隻獵槍來交換土地，從前，藍家的人每年都要去馬里山溪收田租呢。」

烏魯古說完，繼續領著兩兄弟，穿越密林，家祥乘機問：「聽說他祖父年輕時候獵過人頭？」

•布農族以獵槍和藍家交換土地之後，藍家因勢單力薄，移居萬斗籠社，布農族人在這裡建立了五十戶石板屋的大型聚落，如今已成廢墟，無人居住。

•鞍部，指山的肩部，好像馬鞍一樣。

•原住民稱漢人爲「白浪」，意思是台語的「歹人」，壞人也。

•達瓦爾是北排灣族的一個支族，發源於達瓦蘭溪上源的大社。

•大南在卑南鄉，是屬於東魯凱族人。

「嗯！」烏魯古頭也不回的答。

「是布農族人？還是排灣族？」

「是漢人。」烏魯古用開山刀狠狠砍掉路前方的姑婆芋，說：「是六龜里新威庄的白浪。」

家吉、家祥兩兄弟聽得張大了嘴巴，家祥追問：

「那是怎麼回事？」

「爲了報仇呀！從前日本人打下芒仔、多納兩社，準備來攻歐布諾伙的時候，就是那裡的客家人帶路的。」

「哦！」家祥吐了一口氣，「那——還獵過誰的人頭？」

「很多呀，例如南邊的達瓦爾，東邊的大南，以及北邊的沙阿魯阿，過去都是我們祖先的敵人。」

「我有一個同學，姓池，是桃源鄉高中村的人，我原以為他是布農人，後來才知道，原來他是沙阿魯阿人。」家吉說。

「哦？」烏魯古突然想到什麼，「高中？那沒錯，沙阿魯阿沒錯，在石頭上畫畫的女人，就是高中村嫁過來的。」

父子三人說著，已經走入那片大黃杞樹的密林，烏魯古指著濃密不見天日下那片綠色大石說：「孤巴察峨就在那裡。」

家吉、家祥越過他瑪，連奔帶跳的衝到大石頭前，那是一塊比大頭目的石板屋還大的石頭，他們爬上去，原來綠色的外表，只是因為表面長滿了青苔的關係。

家吉很快的找到岩石中間那個大圓滑紋，旁邊還有一個人頭紋。他們再仔細觀察，還看到了很多百步蛇紋、雲鉤紋等，布滿了整塊石頭表面。

•沙阿魯阿是原住民鄒族中的南鄒族人，住在荖濃溪流域的桃源鄉境內。

「哇，你們過來看。」家祥突然大叫起來，指著下面的全身人像。

家吉走過去，端詳半天說：「我看應該是個女人。」

「是荷絲吧？」家祥揣測說。

「我看是……是一個公主呢。」

烏魯古笑了起來，搖搖頭說：「五、六年前，有一個大學教授和一個人類學家，跑來研究之後，報紙一登，接著許多白浪一波一波的來，到底是怎麼回事，現在還弄不清楚呢？」

「他瑪，你說呢？」家祥問。

烏魯古沒有回答。他只是遠眺著東方，似乎陷入亙古的沈思裡。

•先後研究過「孤巴察峨」岩雕的學者，包括屏東師院美術系高業榮教授、考古學家劉益昌、人類學家許功明、民間學者洪國勝、洪田浚等人。

隘寮溪——雲豹傳說

很久以前，一隻機伶的雲豹，帶著魯凱族的祖先，從祖居地魯敏安下來，在舊好茶古茶布安附近，發現了大水如注的山泉水，因為這個新發現，魯凱族人便移居到那兒，也因此魯凱族後裔便就此繁衍於隘寮溪流域。

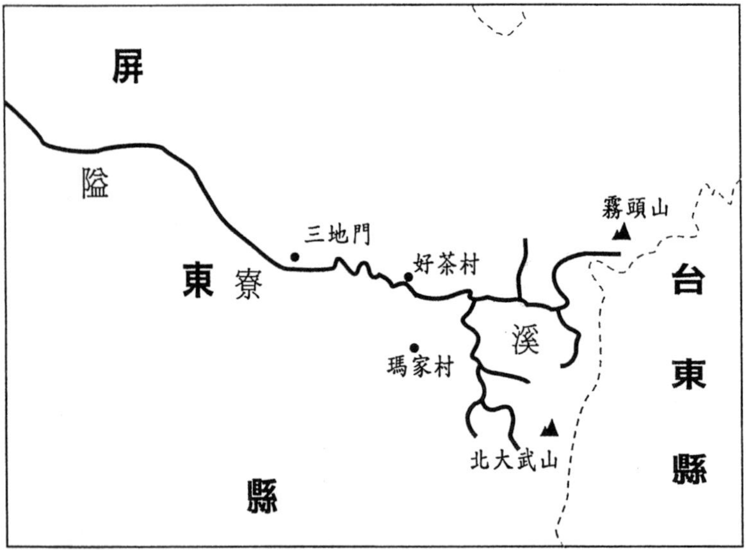
屏
東
縣
隘
寮
溪
三地門
好茶村
瑪家村
霧頭山
北大武山
台
東
縣

很久很久以前，魯凱族獵人從霧頭山區的老部落——魯敏安出發，帶著一條部落裡的獵狗——雲豹，想要在山區尋找一片新天地，以養活部隊裡愈來愈多的族人。

雲豹——這條像山貓模樣大小，卻非常機伶敏捷的助手，一直走在獵人的前方，他們從霧頭山的鞍部下山，穿過兩千公尺的原生林，越過沒有人跡的山谷與斷崖。

正當獵人口乾舌燥的時候，傳來雲豹興奮的嗥叫聲，獵人好奇的走近聲源的方向，首先他聽到嘩啦啦的水瀑聲，然後他看到心愛的獵狗，在他前方來回跳躍著，陽光下閃耀的水花令牠精神大振。獵人定睛一看，他們的上方是一根銀白色的大水柱，從灰色的大絕壁上噴刷下來，在下方形成一大方墨綠色的深潭。

• 依據好茶的古老傳說，魯敏安是隘寮溪流域魯凱族的最早居留地，又稱爲古好茶。

獵人高興的撫摸雲豹的頭，感激的說：「你終於完成了族人共同的夢，因爲你的機伶，爲族人找到一大片新的生活空間。」

這條水柱般的飛瀑，就是魯敏安的魯凱族人，後來移居到古茶布安，建立新部落的水源地。

這個古茶布安，現在稱爲舊好茶，山上的魯敏安，叫做古好茶，至於目前在南隘寮溪畔，魯凱族人聚族而居的新好茶社區，叫做新好茶。一千多年來，這支魯凱族人從古好茶移居舊好茶，再移居到新好茶，一代又一代，遷徙再遷徙，卻從來沒有離開過南隘寮溪的懷抱。

古茶布安的水源地，是南隘寮溪的主要支流，清淨的溪水，提供了南隘寮溪豐富的水源。南隘寮溪發源於二千七百多公尺的霧頭山，這條溪的北方是北隘寮溪，它發源於知本主山附近的巴油湖，然後流過魯凱族北隘群的主要部落，阿禮、去怒、伊拉、霧台，然後在瑪家山地文化村附近，匯合了南隘寮溪，成爲屏東平原的主要水源。

巴油湖，一般人稱爲小鬼湖，是一處深山密林中既美麗又神祕的高山湖泊，而且是排灣族及魯凱族人心目中共同的聖湖。從前，這裡發生過一段淒美的人蛇之戀的神話傳說——排灣族漂亮的巴倫公主，愛上了蛇王巴達里歐，最後有情人終成眷屬，他們在族人的祝福聲中，雙雙墜入巴油湖的冷水中……。這段神話傳說，至今仍是大武山中最膾炙人口的故事。

在族人傳統的信仰觀念裡，小鬼湖既是聖地，也是禁地，老人家一代一代的告誡子孫，不能夠隨便走到巴油湖附近，更不能在湖邊狩獵，否則會遭受神的懲罰。因而幾千年來，這個終日雲霧縹緲的美麗湖泊，絕少人跡，一直蒙著一層神祕的面紗。直到最近十餘年來，急欲一睹小鬼湖廬山眞面目的登山客愈來愈多，才逐漸發展為登山界的熱門路線。

相較於蛇王神話，當年帶領魯凱族人，找到古茶布安水源地的雲豹，也逐漸成為族人心目中的新神話。根據台灣生態學家的調查研究，這種毛皮雪白、有斑紋，頭腦精明、動作敏捷，在山區裡出沒無常的稀有動物已經絕種了，儘管這些年來山中陸續傳出，有獵人看過牠那美麗的蹤影，卻從來沒有人拍下一張實證的相片。但是山區裡的老人家依然相信，族人視為恩寵的雲豹，是一般人肉眼看不到的，牠仍然活躍在廣大而墨綠的山林裡，自由奔馳……。

至於古茶布安，因為水源充足，又擁有廣闊的山坡新生地，後來發展成近百戶人家的大型部落。他們在這片寧靜的山林裡，過著優閒而快活的日子，勤勞的婦女，在山坡地上，利用燒墾的方式，種下小米與山芋，作爲族人每日的主食，然後在部落附近山邊隨手摘得野菜下飯；男子則在溪床，搬來一片一片扁平的頁岩石板，打造他們的家屋，叫做石板屋；或者在狩獵的季節，經過山神的許可，以及卜吉鳥的告示，成群結隊外出打獵。

那時候的山區，到處都可見到野獸的蹤跡，山羌、白鼻心、飛鼠是常見的獵物，如果找到鼻前有兩根銳牙的壯碩山豬，而或爬下岩壁到溪邊喝水的長鬃山羊之類的大型哺乳動物，部落中的婦孺老幼，將以盛大的歌舞儀式，歡迎英雄們滿載而歸。當然，他們肩上或皮囊中的獵物，是全部落的共有財產——不只獵物，包括河川裡的水和魚，以及森林裡的一切都是一樣，天生萬物以

• 卜吉鳥是一種畫眉科的小鳥，魯凱族人出獵或征戰時，先觀查這種鳥的飛行路線，來判定這次行動的吉凶，如果是凶相，就不行動。

• 石板屋是魯凱族人、排灣族人居住的石屋，從地板、牆面到屋頂全由頁岩石板疊砌而成，冬暖夏涼。

養人，沒有人對它們擁有私人的主宰權，他們眞是與世無爭呀！

然而在三十幾年前，他們被迫再度遷徙。這次不是因爲人口增加，耕地不足，而是政府官員告訴他們：你們住在山上交通不便，太辛苦了，我在山腳下幫你們蓋好房子，請你們下來接受文明的洗禮。於是在半強迫的方式下，他們陸續從古茶布安下到新好茶。他們的新居就在隘寮溪畔，一大片平地上蓋了一百幢新房子，擁有新式的教堂、學校或小學校和商店，每天可聽到穿過山地文化園區而來的小販叫賣聲。

此外，小孩子們最高興了，因爲新社區入口的東側，有一處溪水平緩的天然游泳池，讓他們一年中有七、八個月的時間，泡在乾淨清涼的溪水裡，安度快樂的童年。根據好茶國小的記載，這個天然游泳池，曾經培育了多位泳賽國手，他們都是本地的魯凱族人。

然而，兩、三年前，新部落的老人又開始煩惱了。又有一批官員和水利專家告訴他們：你們住在這裡還是距離城市太遠了，年輕人要到外面工作、讀書都不方便，我幫你們在城市邊郊蓋更新的房子……。這一次老人家不答應了，因爲祖靈告訴他們，白浪沒有好心眼，他們在河川下游看到許多灰色的巨型怪物，每天喝掉整條溪水，還把汙臭的糞便，排到高屏溪出海口，讓整條溪水都變黑了。所以他們要在部落前方，築一個大壩，然後讓部落擁有好幾百個比小鬼湖還要大的鬼湖……

好茶村的詩人作家，也是魯凱族最後一任史官——歐威尼卡露斯哀傷的說：「我們雲豹的子孫怎麼會淪落至此呢？雲豹應該在深山中自由奔馳才對呀！」

•巨型怪獸指高屏溪下游的幾個大型化工工廠，包括林園工業區、臨海工業區，其「汙臭的糞便」是工廠排放出來的工業廢水及廢棄物。

·湖泊的生命：湖泊的生命是有限的，湖盆形成初期，一遇雨湖水就會增加；接著因爲湖泊四周的泥沙會不斷往湖底堆積，漸漸淤淺，形成湖底平原，最後湖水流失。

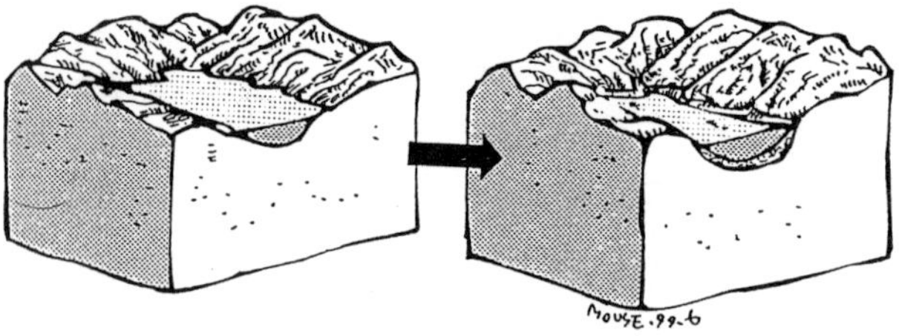

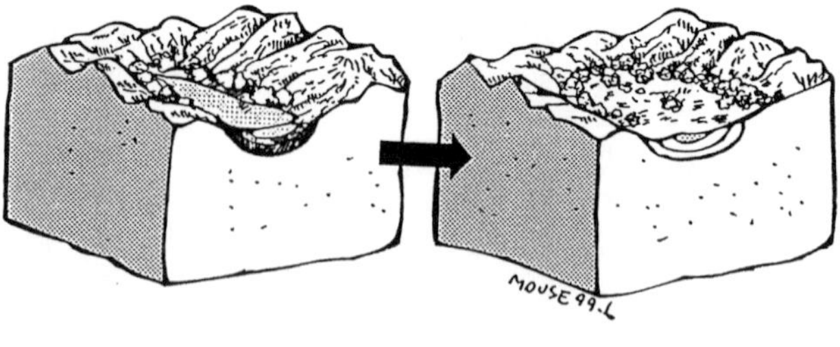

茬濃溪——妖怪台傳奇

茬濃溪上游在桃源鄉境，有一處少年溪遊樂區，溪岸邊矗立一座削尖的大石頭，叫做妖怪台。從前每年農曆七月十五日這一天，南鄒族的巫師，都要在這裡做法事，以超渡亡魂——那是關於兩百年前，平埔族一千多人在此滅種亡族的故事。

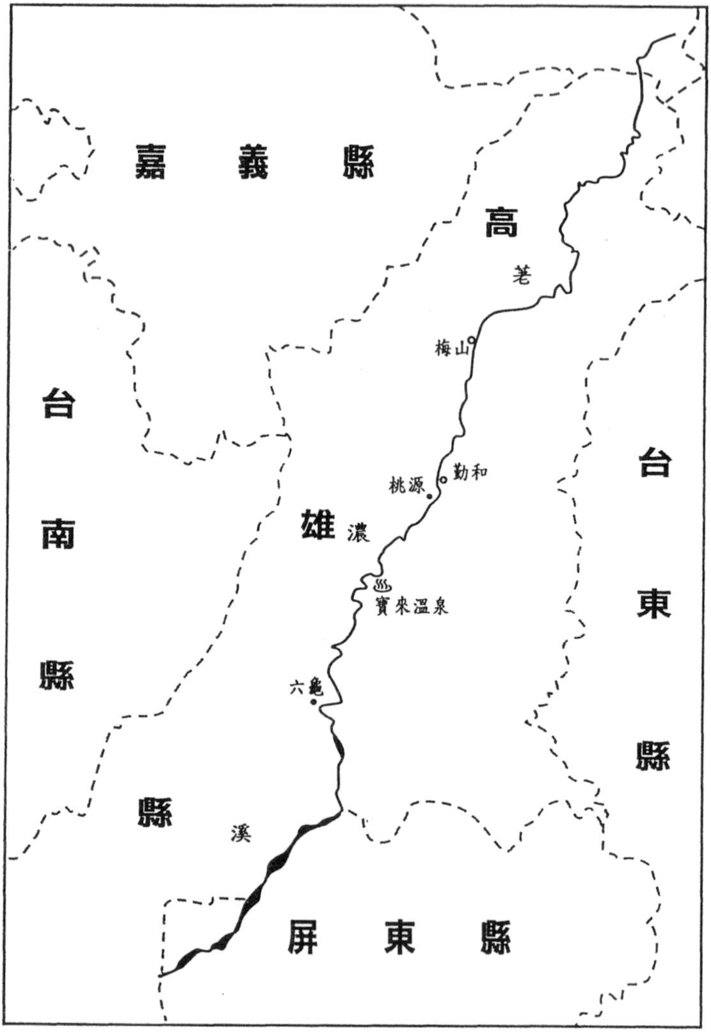
嘉 義 縣
高
荖
梅山
勤和
桃源
雄
濃
寶來溫泉
六龜
縣
溪
台
南
縣
台
東
縣
屏 東 縣

阿雄辦完公事之後，騎著他的摩托車，沿著茖濃溪畔的南橫公路蜿蜒而行，準備回家吃午飯。他在勤和附近，和從梅山方向開過來的台汽班車交會而過，司機拓拔斯從車窗伸出那隻黝黑的左手，向他揮了兩下，笑開了血盆般的大口，還把檳榔汁滴到他的臉上，他才想笑罵他兩句，那輛大車箱拐個彎，轟隆轟隆的直往山下去了。

拓拔斯是他的小舅子，老家原本住在這條公路的另外一頭，一個叫做利稻的地方。阿雄的太太，就是從那個美麗的部落嫁來的。二十多年前，當時阿雄未婚，也還沒到鄉公所上班，他跟著一個漢人的頭家，開著一部十輪大卡車，在南橫公路沿線收梅子。那時候，阿雄的太太就像梅子成熟的季節一樣，兩個嘴角漾著梅子紅的顏色，阿雄不喜歡吃梅子，可是卻喜歡那動人的顏色，

• 茖濃溪是高屏溪四大源流之一，發源自大水窟山及王山南坡，流經高雄縣桃源鄉、六龜鄉、美濃鎮等地。

• 利稻是南橫公路東段的大站，位在新武呂溪南岸的低位河階台地上，是布農族人由山上各舊社移居下來，組成的大部落。

•荖濃溪在桃源鄉勤和及美秀的河段，因當地人把溪畔的妖怪台稱爲 Suniki，翻成漢字就是「少年溪」，人們便把這段河稱爲少年溪。

於是不到兩年，他就把那個布農族女人娶回家。

由於台汽班車剛過去，他知道這個時候，他的太太應該燒好了飯，就等著他回家，餐桌上應該還有一盤他前天黃昏在家宅後面的密林裡，用彈弓打下的飛鼠肉，香噴噴的葱爆飛鼠肉……。想到這裡，他加足了馬力，一路噗噗噗的爬上山，過了少年溪遊樂區的叉路，他習慣性的望了一眼左邊的 Suniki，這回，他沒有看到他的二舅公站在那塊大尖石上，可是卻有一個像國中生大小的頑童，正在攀登那個矗立在少年溪旁的大尖石。

「喂，弟弟呀，那不能爬呀！」

阿雄把機車停下來，向溪的對岸大喊，可是那個少年，似乎沒有聽見他的聲音，繼續爬著。

「危險哪，Suniki 是不能隨便亂爬的！」

阿雄氣急敗壞的跑到吊橋頭，撫著鋼纜，大聲呼叫那個不知死活的少年。這回少年似乎聽到了，他轉過頭，向溪床上正在玩水的同伴扮個鬼臉，然後阿雄聽到一陣放肆的笑聲。

阿雄可能是氣昏了，或者是被八月中午的太陽曬昏了，忽然覺得眼前一黑，朦朧間，他看見他的二舅公，穿著那襲只有參加「馬亞斯必」或做法事時才穿的大紅袍，立在大尖石上面、口中念念有詞，雙手胡亂的比畫揮灑著……。

二舅公。阿雄沒有喊出口，只是心裡這樣呼喚著，因爲他很清楚，二舅公已經死去了四十一年，而現在是大白天，怎麼活見鬼。阿雄心裡正在狐疑，卻被溪床下的驚叫聲驚醒過來。

哇，糟糕，怎麼會這樣子？溪床上幾個少年，呼天搶地的跑向那個剛剛才爬上大尖石，現在卻正躺在卵石

•馬亞斯必是阿里山地區鄒族人，每年舉行的戰祭，原來是獵人頭祭典，現在一般人稱爲豐年祭，每年二月及八月分別在阿里山鄉達邦、特富野兩個大社舉行。而桃源鄉的南鄒族人，大部分被當地強勢的布農族人同化，已經有近百年沒有舉行祭典。

灘上的少年。

阿雄不加考慮，快步跑過吊橋，滑下溪床，那個頑皮少年卻已經爬起來，咧著嘴，朝著滿頭大汗的阿雄訕笑。

「你開什麼玩笑——這也能開玩笑？」

「你放心，我老爸從前是攀岩專家，還曾經出國比賽呢！」

少年得意的說。阿雄可氣炸了。

「那不是專家不專家的問題。」阿雄指著大尖石說：「你知道這個大石頭嗎？」

「我知道呀，妖怪台。」少年笑著說：「可是沒有妖怪。」

「什麼妖怪台，那是鬼石。」

「鬼石，哎喲，有鬼喲！」看見一群少年笑成一

•妖怪台是南橫公路桃源站北方勤和附近，荖濃溪畔左岸的一座削平大尖石，南鄒族人稱爲鬼石，平地人稱鬼仔埔，後來政府闢爲少年溪遊樂區，並把它改稱爲妖怪台。

團，阿雄正經八百的指著這片河域說：「當然有鬼，鬼在鬼石下面，鬼在這條河附近，鬼到處都是……」

少年們瞪大了眼睛，其中一個小胖子問：「鬼在哪裡？」

「鬼在……，我小時候，大概六、七歲，或者七、八歲的時候看過。」

「哈——活見鬼。」那個爬上妖怪台的頑皮少年，拉著其他幾個人說：「走，我們一起去抓鬼囉！」

看見少年們嬉笑離去，阿雄眞想追上去，一個給他一巴掌，又想，他們還是小孩子，何況是白浪——漢人的孩子，怎麼會懂得族人的古老的事?也就作罷。

看著少年們逐漸遠去的背影，阿雄不禁想起自己少年時代二舅公對他說過的話……

依瓦，你注意看，Suniki 這條河，每年七月十五日

•乾隆中葉，原居玉井盆地一帶的四社熟番——大武壠系西拉雅族人，與漢人移民爭戰，敗退到荖濃溪流域，在六龜、荖濃地區開拓河谷地，重建新家園，卻不肯向清廷官方臣服，所有人稱荖濃一帶爲賊營。後來清廷派兵七百人在荖濃對岸築城，並令本地生番通事，率領南鄒族人共同追剿，使平埔族一千五百人全部戰死於美秀溪，荖濃溪畔的美秀台地，讓美秀溪成爲紅色。

月圓之夜，河水會變成紅色的，那些冤魂，大武壠的冤魂會在這條河域四處作亂，他們不甘心哪！是的，一千多條人命的大武壠魂，客死在荖濃溪畔……

依瓦，我教你的咒語和巫術，你一定要學起來，我們南鄒人，巫術即將隨我入土了，你不會，將來每年七月十五日，誰來超渡這些冤魂……

然而，四十年過去了，二舅公也回到玉山之顛，和祖靈們相會了，他依舊沒當成巫師，每年八月的馬亞斯必也被迫中斷了。

阿雄走上吊橋，拖著沈重的腳步，想起二舅公在世時的種種，仍不禁回頭看看那鬼石，三角錐狀削平的大石壁，可是仍然不見二舅公，想著從前每年七月十五日的黃昏，二舅公一定領著四社族人，從美秀台地那邊攀上鬼石，舉行超渡大武壠冤魂祭典……。

唉！那是多少年前的爭戰了？大概是阿雄的阿公的阿公那個年代吧！那時，從西方玉井盆地，陸續移來了大武壠人，他們在茎濃溪流域的幾處谷地上，砍伐竹木建立新家園，並在土裡種出了一種叫做稻子的作物。曾經去過六龜里和白浪作交易的族人說，那個是白浪人吃的東西，叫做米飯。

後來大武壠人愈來愈多，開墾的土地延伸到河階上面來了，族人受不了，因爲我們也得在土地上種小米和山芋才能過活呀！於是兩邊發生了衝突，最後一次決定性的戰役，我們族人發動奇襲，一舉把大武壠人全部消滅。那時候正是冬季枯水期，河川地上的屍體，蓋滿了石頭，河水也全變成紅色……。

每次想到這裡，阿雄的內心都不免一陣悸動，他永遠也忘不掉十二歲年紀的依瓦，第一次聽到這個故事時心中的震驚。

再回頭望了鬼石一眼，阿雄跨上機車，爬上了岔路的陡坡，他想，忘掉吧，那是祖先那一代的事情了，現在人誰還記得那個年代的事情，難怪白浪會把它說成是妖怪台。

阿雄加足了馬力，想要趕快回到家，告訴他那個等著他吃午飯的女人，趕緊把阿爸的大紅袍及頭冠找出來，再過五天，他要回到特富野大社去，以依瓦的名字參加馬亞斯必祭典。

愛河——打狗社與鹽埕埔

位於高雄的愛河，名字很美，可是現在卻是一條臭水溝；一百年前，它還叫做打狗川的時代，鹽埕區還是一片海埔地，漁民就在海邊曬鹽，而愛河裡可以捕獲各種鹹水魚和淡水魚。更久之前，打狗社的馬卡道族，在這條河域過著漁獵生活……。

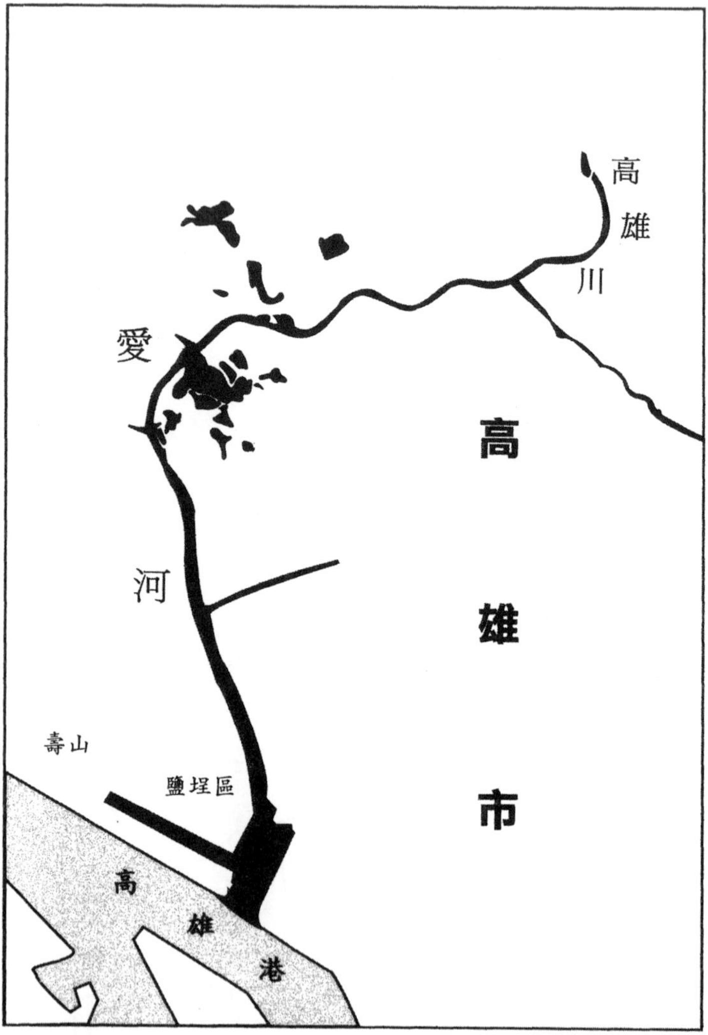
高
雄
川
愛
河
高
雄
市
壽山
鹽埕區
高
雄
港

快到龍泉寺的時候，立三高興的指著前方，告訴妹妹立雙，那個戴著白色登山帽，正說得口沫橫飛的人，就是吳老師。

吳老師是立三在國語日報上作文班的老師，他也是一個小說家，幾年前有一部電影，還是從吳老師的小說改編的。

「立三早。」吳老師看到立三，就熱絡的摸摸他的頭，「這是你妹妹？」

「對，她叫立雙。」

「立雙？眞好聽的名字！歡迎妳參加今天的活動。」

立雙彆扭的站著，頭垂得低低的，好像怪不好意思。立三推了她一把說：「我妹妹很害羞。」

「沒關係，等一下就熟了。」吳老師遞給他一張

「文化愛河」的簡章影本，說：「不過，妳不要把老師當作是ＬＫＫ喔，出來參加戶外活動，我可是帶著一顆年輕而好奇的心。」

立雙尷尬的笑了一笑，心中輕鬆一點，吳老師轉頭跟其他小朋友打招呼，立雙就乘機看手上的簡章，上面畫了一座山，山後是一片海，山的前面有一條河，寫著「愛河」，可是旁邊有一張老地圖，寫著「打狗川」。

「哥，打狗川是什麼？」

「打狗川？」立三接過簡章，看了半天，洩氣的說：「我也不知道……不過我聽爸爸說，高雄從前叫做『打狗』」。

「嗯，立三不簡單，知道打狗。」吳老師聽見他們的對話，馬上回頭稱讚他。立三樂了，唱起了「兩隻老虎」那首歌，然後說：

•高雄市民爲了守護愛河，成立文化愛河促進會，並出版「文化愛河」期刊。

•打狗是馬卡道族語，意思是刺竹圍。

•「白浪」是取閩南語音，意指壞人。原住民口中的「白浪」專指漢人而言。

「這首歌跟打狗有關喔，從前鄭成功打台灣島的時候，他的戰船上載了兩隻老虎，結果要在鹿耳門上岸的時候，他的手下不小心，讓老虎偷偷的跑出來……」

立雙插嘴：「糟糕，老虎會吃人。」

「你別那麼緊張。」大家哄堂大笑，立三繼續說：「台灣本來沒有老虎的，所以那時沒有看過老虎，當這兩隻老虎跑出來之後，一隻往北邊跑，跑到嘉義，嘉義的人以爲牠是野貓，把牠打死了，所以嘉義有一個地方，老地名就叫做『打貓』。」說到這裡，小朋友又笑了開來。

等笑聲停了，立三繼續說：「還有一隻老虎往南邊跑，跑到高雄來，高雄人以爲牠是野狗，也把牠打死了，所以高雄市的舊地名，就叫做……」

「打狗。」立雙接著說。

• 鹿耳門在台南市安南區，是台灣著名的古港之一。

• 打貓是嘉義縣民雄鄉的舊地名，這個地方原來是平埔族人「打貓社」的故地。

「哈，我妹跟我一樣聰明。」聽到這兒，所有的小朋友都大笑起來。吳老師接著說：「當然，立三說的只是一個笑話，大家不要當眞，其實高雄的老地名，是來自從前的打狗社。」

「打狗社？」所有的小朋友都搖頭表示不解。

「別急！」吳老師說：「來，我先帶你們去看貝塚，等一下你們就懂了。」

所有參加活動的小朋友，跟著吳老師，走到龍泉寺的後面。吳老師彎下腰，在地上撿了幾個貝殼，「這是文蛤。」他把貝殼交給立三，指著地上說：「這片山腳，到處都可以撿到各種貝類遺骨，像文蛤蟹以及海生魚類的骨頭，這個地方，就是貝塚。」

有個小朋友提出問題：「老師，什麼是貝塚？」

「貝塚就是……立三，你來說。」

「貝塚就是……」聽到老師又要他發揮，立三想了一下說：「就是從前人們吃完貝類後，留下來的東西。」

「很好。」吳老師稱讚他。「簡單的說，貝塚就是從前住在這裡的人，他們的垃圾堆。」

「垃圾堆？」

「對，這跟我們剛才談的打狗社有關係，你們抬頭看，這座山叫什麼？」

好幾個小朋友說：「壽山呀！」

「還叫什麼山?立三——」

「我知道，猴仔山。」立三說。

「對，猴仔山說國語，又叫打狗山。」

立三自言自語起來：「打狗山?打狗社……」

「打狗山的名字，就來自打狗社，這個打狗社

• 光復初年時，爲了慶祝老總統蔣介石的生日，把柴山改名爲萬壽山，又簡稱爲「壽山」。

• 龍泉寺在鼓山三路、柴山登山口，龍泉寺貝塚，還出土彩陶、黑陶及石器，是古文化遺址，它跟愛河上游的覆鼎金遺址，都屬於蔦松文化層，約等於是西拉雅族早年文化遺跡。

……」吳老師又蹲下來，撥著地上的泥土，找到了一個碎陶片，說：「你們看這陶片，是紅陶，這裡還可以找到黑陶，還有鹿角、魚骨磨製的用品。我們根據這個文化層的文物，可以判斷這個龍泉寺貝塚，是史前文化中的蔦松文化層，這個生活在蔦松文化遺址的人類，初步考證就是馬卡道族。剛才我們說的打狗社就是馬卡道族。」

「老師，馬卡道是什麼？」立三迫不及待的問。

「馬卡道族是平埔族人，一般人類學家認爲，他們是西拉雅族中的一個支族。」吳老師帶著大家開始爬上山路。

「那馬什麼道的人呢？」立雙問

「立雙問得很好。」吳老師指著前方說：「打狗社的人從前住在這裡，背面是壽山跟柴山，很久以前，也

•蔦松遺址在台南縣永康鄉，是台灣南部重要的考古遺址之一。蔦松遺址出土的器物除了陶器、石器之外，最重要的是鐵器。這證明了蔦松遺址的年代，應該是在新石器時代晚期以及鐵器時代之間。不過因爲蔦松遺址沒有發現製作鐵器遺留，所以這些鐵器是誰製造的，到今天仍沒有結論。

就是在冰河期之後，當時這一片平原還是海，只有壽山和左前方的半屏山浮起來。那時候，馬卡道人在這裡過著漁獵生活，一方面在打狗山打獵，一方面在打狗川捕魚，拾貝類來吃。」

立雙想到什麼，急著說：「我在這個地圖上面，看到打狗川。」

「對，打狗川就是現在的愛河，這條河的本流只有十二公里長，這條河的河水是鹹的，立三，爲什麼是鹹的？」

「因爲海水是鹹的。」

「因爲這條河的河床，比海平面低，漲潮的時候海水倒灌進來，所以地理學家稱它爲潮川，從前這條河可以捉到虱目魚、豆仔魚、尖頭等海魚，牠們是從高雄港游上來的。」

走到半山的一個平台後，吳老師要大家休息一下，他指著右前方的出海口問：「出海口的地方，叫做什麼？」

「鹽埕區呀！」立三說。

吳老師接著說：「鹽埕，很久以前叫做鹽埕埔，意思就是曬鹽巴的地方。我們的祖先一直到日本統治台灣之前，都在愛河出海口的地方曬鹽。可是打狗港從前卻以賣糖出了名。」

「賣什麼糖？」立雙問。

「蔗糖。」吳老師說：「清朝以來，嘉南平原、屏東平原就是台灣蔗糖最主要的產地，以鳳山縣（從前的高雄縣市及屏東）來說，蔗糖的稅收，就占了全縣的三分之一，當時的打狗港是全台蔗糖主要輸出港。在日治時代，曬鹽和製糖這兩種產業，一甜、一鹹，一起、一落之間，說明了當時高雄地區產業經濟的蛻變過程。」

立三忽然想到什麼，急著說：「我有一個同班同學，姓陳，聽說他家從前就是又做鹽又做糖的。」

「姓陳？那一定是陳中和的後裔。」

「陳中和是誰？」

「陳中和……我應該先說，你們知道陳田錨吧？」

同學們有很多人紛紛點頭：「陳中和就是陳田錨的祖父，我們高雄三大家族之一，陳家的開山祖師爺，陳中和在日治時代，就是靠曬鹽和製糖起家的，還有，從前的鹽埕埔變成高雄的鹽埕區，也是陳中和一手促成的。」

「哦？」

「日治初期，爲了建造鐵路，日本人把愛河下游的支溝，改爲地下溝渠。接著爲了建設高雄港，整治愛

•陳中和是高雄陳家的開山祖師，到了第二代的陳啓川，曾擔任改制前的高雄市長，到了第三代的陳田錨，曾連任多屆的高雄市議會議長。

・明治四十一年（西元一九〇八年）開始展開高雄港築港計畫。

河兩岸，使愛河下游變成人工渠道，就在這個時候，愛河前身的打狗川，改稱爲高雄川。」

立三急著問：「那後來爲什麼又叫愛河呢？」

「你先別急，老師等一下再講。」吳老師笑著說；「這是當年高雄最大的建設，要把愛河三角洲從鹽田變成新興的現代化街道，當時的主導人物，就是陳中和。」

「哦，可是你還沒說愛河……」

老師指著下方泛著陽光的黑水溝說：「愛河，從前是一彎清流，中上游兩岸有許多林投樹，下游出海口則是一片紅樹林，可是現在都不見了。五〇年代以後，高雄逐漸變成台灣最大工業城市之後，愛河的水質日益受到汙染，水色愈來愈黑……」說到這裡，吳老師有些黯然：「至於愛河的名稱，源自於民國三十七年，有個陳姓老闆，在現在的中正橋邊，開了一家『愛河遊船所』，提供給市民划船、泛舟，慢慢變成許多年輕人約會談戀愛的地方……」

立三接著說：「也是情人自殺的地方。」

吳老師笑著說：「就是因爲很多情侶在這裡投河自殺，所以台灣新聞報的記者，在報導事件的時候，把它寫成愛河，這就是愛河名稱的由來。」

立雙捏著小鼻子說：「那些人眞笨，愛河那麼臭。」

立三說：「妳才笨，從前愛河是很乾淨的，爸爸說，他小時候還在愛河游泳，抓鯰仔魚呢！」

這句話逗得大家大笑。吳老師招呼大家：「好了，我們說完了愛河的故事，接下去我們去打狗山看猴子了。」

白水溪——甘牧師與吳大老

因為上游山區產石灰岩，水色因此變成白色的白河，流過從前叫店仔口的白河鎮，當年店仔口的土匪頭吳大老，曾經率領他的手下，圍攻居住於溪的上游，叫做白水溪的部落，因為甘為霖牧師在那裡蓋了一座教堂，破壞了他們的地理風水……。

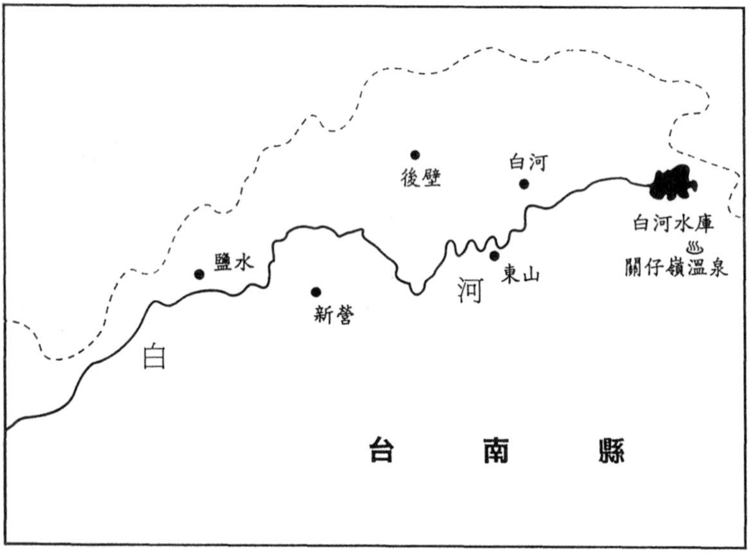
後壁
白河
白河水庫
關仔嶺溫泉
鹽水
新營
東山
白
河
台　南　縣

阿文吃完早飯，正要跨出廳門，他的妻推開房門叫住了他。

「伊馬，等一下。」

伊馬是阿文小時候的名字，是他的父親爲他取的族名，不過到了八歲，他開始到天后宮的「學仔」讀漢文那年起，他的同學和族人，都叫他朱立文。

那時候，他們老家——白水溪那個部落，差不多都是姓潘的，只有他們家是姓朱的，因爲阿文的 Ma，是從岩前的部落，嫁到白水溪去，他的 Ma 和 Na 早就商量好了，將來生的孩子要從母姓，但是其中一個男孩要從父姓，阿文的父親姓朱，他們族人認爲，姓「朱」比姓「潘」好多了，因爲姓「潘」的是番仔，而姓「朱」的將來會做皇帝。

阿文想到這裡，他的妻已從房門走出來，交給他一

• Ma 是西拉雅語，「父親」的意思。

• Na 是西拉雅語，「母親」的意思。

• 故事背景是清朝末年，清朝之前是明朝，明朝皇帝姓「朱」。

本深色表皮的小書，是聖經，上面布滿了灰塵。

「你記得嗎，從前甘牧師送的。」

「當然記得！」那是四年前的秋天，甘牧師第二次到白水溪的時候，在木造教堂蓋好時，所舉行的第一次禮拜時，在阿文受洗後，甘牧師送給他的。阿文記得，在那次之後有幾個月的時間，每逢禮拜天，他就會和其他的信徒，依照潘長老的指示，翻開聖經，隨著他念著諸如「在天上的父，會原諒你在人間如何如何。」之類的話，然後在一聲「阿門」之後合上那本小書。

可是已經有三年多的時間，阿文沒有再看過這本小書了，因爲自從部落裡那幢教堂被火燒掉之後，就再也不需要用到它。

阿文小心的用布把灰塵拭去，然後看到「甘爲霖」的簽名，想到等一下他就要跟甘牧師見面了，心中不由得一陣高興。
「甘牧師到了嗎？」妻問。
「快了吧，我們約在山產市場。」
「趕快去吧！」妻催促著他上路：「你要替我向他問安……還要記得爲我們全家祈禱。」
「知道了。」阿文說著，走出了廳門。
店仔口街的人起得眞早，拐過了中街，山產市場就在眼前，從關子嶺山區下來的人們，守著一堆堆的竹材、火炭，老遠的叫賣著。阿文沒時間停下來和他們打招呼，因爲他怕甘牧師比他先到，人家是連夜從台灣府城趕來的，慢到就不好意思了。
「朱立文。」
一隻孔武有力的手搭在他的後肩上。阿文轉過頭，看到了那人鷹鉤鼻上那對藍得發亮的眼睛。

•白河的山產市場，在西勢街一帶，那裡位在白水溪左岸，從關子嶺下山到白河街，過了白水溪就到了，所以山產市場很早就變成專門交易山產的市集。

「甘牧師，眞失禮……我……」阿文靦腆的說。
「太太按怎沒鬥陣來？」甘牧師以台灣話問他。
「哦，伊去園裡種菜。」阿文有些不安的說。
「哦。」甘牧師沒有再追問，拍著他的肩膀說：
「走吧。」

他們走過街尾的亂葬崗，在西勢尾的前方，涉過了白水溪，那溪水算是乾淨的，只是有些濁白，在火山上採「石仔」的工人曾經告訴他，因爲上游都是石灰石，所以溪水都變成白色的。

沿著到關子嶺的古道，他們經過了匏仔園、虎尾寮兩庄，前面大集村那幢顯濟宮的燕尾，翹起在一片矮農舍之上，阿文不禁打了一陣哆嗦。
「怎麼了？」牧師問。
「前面是糞箕湖庄，廟的北方那個小庄，就是潭

•關子嶺在台南縣白河鎭，是一個觀光休閒地方，以溫泉及水火同源奇觀聞名。關子嶺山區，特別是碧雲寺的後山，及岩脚一帶盛產石灰石，日治時代大量開採。石灰石是製糖工業必用的材料，用來做沈澱糖漿中的砂石之用。

•糞箕湖，早年地形像畚箕一樣，因而得名，現在是白河鎭河東里。

底。」

「潭底？」

「這兩庄都是吳姓人家，你不知道嗎?吳大老就是潭底庄的人。」

「哦！」甘牧師只是點了點頭，朝那個村莊繼續往前走。

提起吳大老的名號，不但店仔口街的人家喻戶曉，連附近番社庄，後壁寮的人也對他耳熟能詳，這個出生於潭底，在店仔口街「喊水會結凍」的人物，有人說他是土匪頭，私蓄了幾百個羅漢腳，供自己驅使。西元一八六二年，戴潮春（萬生）起事，匪徒占據了諸羅山縣城，使台南府城告急，這是總兵柴大人，想調重兵反攻縣城，任令吳志高爲前導。吳志高準備了一枝紅旗、一枝義民旗,眼看著賊兵即將退敗,到了城下之際把義民旗

•後壁寮就是現在台南縣後壁鄉，民國九年改地名時，去掉「寮」字，改名爲後壁。

•斗六門是從前老地名，卽今雲林縣斗六市。

•「都司」屬清代中級武職官，台灣武官照例由內地調任，本地人並無法擔任此職。清代台灣綠營中，官、兵均係福建各府抽調而來，每隔二、三年便進行轉調。

•大厝九包七，三落百二門，乃台灣民間指傳統大型民宅常用的術語。九包七意思是指橫屋九間圍住正身七間的民宅，三落是指正身擁有三進，即三落正身，百二門是說這棟大厝共有一百二十個門窗。

擲入城中，白白得到「救諸羅山」第一功。於是皇帝封他爲斗六都司，他卻不肯到斗六上任。最近店仔口街的人盛傳，他正在外角仔建造全新的都司府，而一幢「大厝九包七，三落百二門」的吳家大厝，也將蓋在都司府的後面。

「吳志高住……」甘牧師指著河流上方那片整齊有致的紅瓦農舍。

「對，那是吳家祖厝。」

「嗯，吳家眞是有錢人，難怪他賠得起一座教堂。」甘牧師有點揶揄的說。阿文給惹笑了，心中頓時輕鬆不少。他很想告訴甘牧師，又擔心不知是否會冒犯他，因爲今天是「岩前禮拜堂」落成的日子，吳大老爲了履行當年合約，花了不少銀兩，請人上教堂去充門面，所以這幾日街上口耳相傳一句話：「吳大老眞慷慨，花錢請人做禮拜。」

甘牧師和他似乎滿有默契，沒有大搖大擺的穿越潭底，他們沿著白水溪谷，一路緘默的走到「潭仔墘」，經過「內洲仔」，前面那個大集村，就是傳說中王得祿大將軍的出生地——木屐寮了。

抹去了額前的汗水，阿文看見溪谷，右方是乾枯的河道，布滿了綠色的水草，左方的水道，像黃河的河套一樣，在眼前繞了一個大彎，拐過了林子內、五汴頭、枋子林三庄又拐出來。那是四年前夏末的彼陣大水，導致白水溪氾濫成災，河水無處宣洩，在三庄之間的低地找到了缺口，頓時使三庄變成汪洋，淹死了八個人，泥磚屋倒了十幾間。就在這陣大水之後兩個月，在這條溪的上源，阿文的出生地——白水溪庄，發生了火燒禮拜堂，震驚台南府城的「白水溪事件」，甘牧師還差一點死於非命。

•木屐寮在今白河鎮虎山里，王得祿是清代台灣人中官位最高的人，曾任浙江、福建水師提督。道光二十一年，因中英鴉片戰爭，奉命駐防澎湖，不幸病逝軍中，清廷追贈伯爵加「太子太保」銜。他是嘉義（諸羅）縣人，據白河人說，他出生於本庄。

•西元一八七二年白水溪教堂設立，教徒甚多，但因拒絕攤派迎神賽會費用，埋下民、教衝突的種子。一八七四年底，教會著手興建新的禮拜堂，遭吳志高爲首的地方勢力反對，還發生毆打教徒事件，甚至甘牧師亦險遭不測。

•仙草埔是白河鎮仙草里的舊地名，在枕頭山下。地名源自漢人來這裡拓荒時，當地有很多野生的仙草。

那是四年前的秋天，甘牧師第二次從府城到白水溪傳道，得到本庄平埔族人的支持，在白水溪北岸的樹林空地，搭建了木造的「白水溪教堂」。沒想到卻引起糞箕湖、仙草埔各庄人的反對，他們以建造教堂，破壞了風水龍脈爲由，在吳志高率領下，手持棍棒刀槍，圍攻白水溪教堂。幸虧當時困在教堂中的甘牧師，在火燒教堂的當兒，急中生智，將裹身的棉被丟出窗外，暴民在夜色中誤以爲是白人洋牧師，而甘牧師則從後門逃出。

涉過了白水溪，甘牧師連夜逃到嘉義城，經過向地方官交涉之後，官方自知理虧才迫令吳志高道歉，並賠償損失，建造「岩前禮拜堂」作爲補償，還要吳志高立下字據，保證新教堂的信徒，不得少於多少人，也因此自視甚高的吳大老，大喊賠了夫人又折兵。

想到這裡，阿文的嘴角，不禁泛起了幾絲笑紋。

・「衰屆落頭毛」是福佬話的民間諺語，意思是說運氣不好，連頭髮都掉光了。

「怎麼了？」甘牧師好奇的問。

「我看吳大老，衰屆落頭毛。」

「頭摸一摸？」甘牧師摸著自己微凸的頭，不解的問。

「牧師，我是說，以後吳大老，不敢發大枝毛呀啦！」

甘牧師瞪大了眼睛，「還要摸？」

看到甘牧師滑稽的模樣，阿文不禁捧腹大笑，連甘牧師自己也笑了起來。笑聲中，他們穿越了仙草埔的大街，他們一點兒也不在意街上那些異教徒好奇的眼光，因爲前方的山腰裡，傳來了聖歌聲，像是春風，像是甘霖，從枕頭山漫天而下……。

阿文抬頭望著岩前部落新造的禮拜堂，那高高的塔尖上立著一個人，他想：那是耶穌基督吧？

景美溪——大夫廟與鐵觀音

景美溪是新店溪的支流，這條溪流過景美、木柵、深坑三個鄉鎮，是泉州安溪人的大本營，他們都信奉原鄉安溪人的守護神——保儀尊王及保儀大夫。此外，景美溪流域的山區，也是茶中極品——鐵觀音茶的主產地。

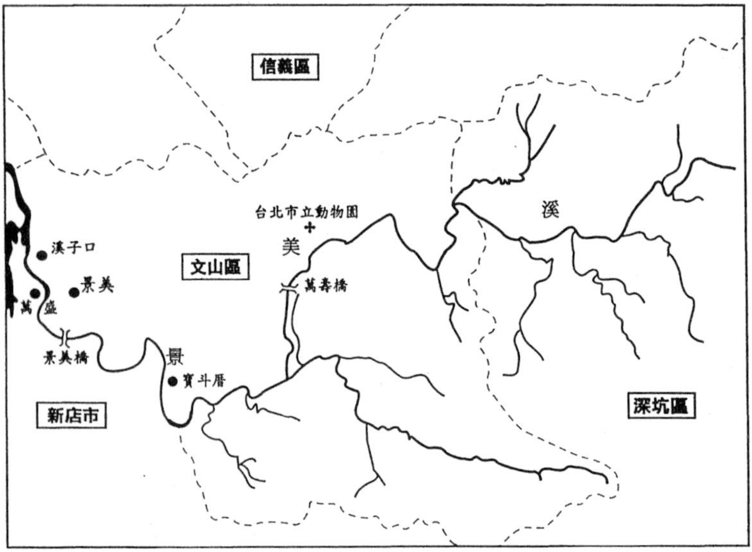

信義區
台北市立動物園
美
溪
文山區
溪子口
景美
萬
盛
萬壽橋
景美橋
景
寶斗厝
新店市
深坑區

汽車經過中正紀念堂之後，訪哲突然指著車底問訪柔說：「妳有沒有聽到什麼聲音？」

「輪子的聲音……汽車的馬達……」

訪柔連續說了幾種，訪哲都搖頭，氣得訪柔扯著兩束小辮子，質問他哥哥：「那你聽到什麼聲音？」

「捷運車呀，笨哦！」

「你才笨，我又沒看到捷運車。」

「捷運車在地下走呀！」

訪柔不服氣的說：「誰說的，上次爸爸帶我們去木柵動物園，就是坐捷運，捷運車都是走在高架橋上的。」

「那是木柵線，中和線和新店線都是走地下，說你笨還不承認。」

開車的爸爸忍不住說話了：「好，你最聰明，爸爸問你，這條路叫什麼？」

「羅斯福路。」

「嗯！那等一下我們經過景美橋之後呢？」

「北新路。」

「爲什麼叫北新路。」

「因爲……」訪哲想了一下說：「因爲是台北到新店嘛！」

「算你答對了。」

訪哲很得意，用兩個指頭比了一個V字。妹妹悻悻然的說：「看你這麼得意，哼！」

爸爸繼續說：「訪哲，你先別得意，爸爸再問你，從前大姑姑、二姑姑他們，從台北到新店碧潭划船，坐什麼車？」

「還不簡單，當然是坐公車。」

「答錯了。」爸爸大聲笑了出來。妹妹也跟著笑：

「你看你答錯了。」

訪哲不服氣：「不坐公車，那坐什麼車？」

「火車。」爸爸篤定的說。

「坐火車？騙人！」

「這你就不知道了，從前日治時代，在這裡蓋了萬新鐵路，到了民國五十四年，爸爸來台北念書之前才拆掉的。」汽車爬上了北新橋，爸爸指著左邊繼續說：

「我再問你，剛才我們經過的左手邊是哪裡？」

順著爸爸指的方向，訪柔說：「我知道，是愛買，還有麥當勞。」

「你就知道吃，」哥哥笑著說：「是景美夜市啦！」

「好，景美從前叫什麼？」訪哲愣住了，答不出

•萬新鐵路建於西元一九二一年的日治時代，原來起站是萬華，終站爲新店，全長有十點四公里，停靠和平、古亭、公館、景美、七張等站。當時是爲了景美、新店的旅客，以及運送安坑、烏來一帶的山產、礦產。一九六五年三月十五日拆除後，改建爲羅斯福路與北新路。

來。

「景美的老地名，叫做梘尾，現在的老景美人，還這樣叫。」

「爲什麼？」兄妹兩人都問。

「因爲你看——」爸爸指著舊景美橋說：「從前那座舊橋過去一點，還有一座木橋，不過不是給人和車子走的。」

訪柔問：「那——橋要做什麼用？」

「給水走的，也就是灌漑用的。」

爸爸繼續說：「這個挖空的水橋，從前是瑠公圳，清朝時候的大水圳，跨過景美溪的時候用的，這個東西就叫做梘，一個木字邊，加一個看見的見；因爲景美的位置，在梘的尾端，所以台語叫做梘尾，後來才改爲景美。」

•清朝乾隆時代（西元一七六〇年），墾首郭錫瑠引青潭的水，開鑿了一條大水圳，灌漑了古亭、大安、錫口（松山）一帶水田一千兩百餘甲，號稱「瑠公圳」。

•梘是把一根大原木，中央部分鑿空，然後架在河上或地上，做導水灌漑用的木管。

「我還以爲是風景很優美呢。」訪柔看著車窗外說。

「你說的也沒錯。」爸爸笑著說：「這條景美溪，是新店溪的支流，它是在——剛才我們經過公館之後的那座山叫蟾蜍山，清朝時候叫做拳山。」爸爸伸出自己的右拳頭說：「你看，那座山看起來就像拳頭一樣。」

「哇！爸爸好有學問哦。」訪柔羨慕的說。

「不對！」哥哥突然大叫：「爸爸，我們不是要去深坑吃豆腐嗎？」

「啊！糟糕！」爸爸摸著頭：「爸爸只顧著說故事，忘了左轉，不過沒關係……」

爸爸胸有成竹的繼續往前開，到了新店麥當勞之後，左轉到寶橋路，突然在上橋之前靠邊停車。

「走，我帶你們去看景美溪。」

・拳山位於台北盆地南緣，因形似拳頭，台語稱「拳頭拇山」，清季本地區畫爲拳山堡，包括公館一帶，還有景美、新店、木柵，後來改成文山堡，所以現在景美、木柵又合稱爲文山區。

‧曲流是河流中彎腰摺曲的河道，通常在河川的中游出現，以淡水河系來說，新店溪和基隆河都是以多曲流而著稱。

訪哲和訪柔跟著爸爸上了橋。從這裡可以看見兩邊高高的堤岸，以及灰黑色的溪水。

爸爸指著橋的下方說：「現在我們看到的是景美溪的下游，景美溪在這裡，形成最後一個曲流，這段曲流變成了台北市與新店市的界河，右邊是木柵溝子口，左邊是新店的寶斗厝。」

「為什麼叫寶斗厝？」

「寶斗就是……」爸爸用手比了一個方型，「從前的一種賭具，因為從前有人在這裡蓋的房子，就像寶斗一樣……，你看，寶斗厝前面就是世新學院，從前瑠公圳就是沿著世新左邊那條路的山腳下，一直流到公館、台大那邊去。至於它的上游，在深坑鄉及石碇鄉，在往十分瀑布的路上，有一個地名叫分水崙，就是景美溪和基隆河上游的分水嶺。」

訪柔指著東邊的山腳說：「你看，高速公路耶！」

「對，那是北二高。」爸爸接著說：「北二高就蓋在景美溪東側，下面那座山叫待老坑山，對岸山上那個廟就是指南宮，這兩山之間的谷地，叫做貓空。」

「我知道，就是上次你帶我們去喝茶，還有吃竹筍雞的地方。」訪哲說。

「那你知道『貓空』的名字是怎麼來的嗎？」

訪哲摸摸頭，尷尬的說：「不知道。」

訪柔笑他：「你也是只知道吃。」

「貓空，台語叫 Vacom，其實它是從泰雅語轉化過來的，Va，是狐狸的狸，念 Va，你有沒有注意到，往貓空的上山路上，每一家土雞城的人家，都姓什麼？」

「姓張。」

・木柵在今台北市東南隅文山區木柵里，景美溪在這裡出山，形成比較寬闊的河谷，河砂在此堆積成兩岸低位河階。最早來這裡開墾的是客家人，等到郭錫瑠築瑠公圳之後，安溪人進入開墾並逐走客家人，木柵始成爲安溪人的地盤。以木柵的老地名來看，當年漢人入墾設木柵以防止番人進入，可推測此地及貓空、樟湖地區，皆爲泰雅族居住或狩獵之地。

「張姓是木柵第一大姓，景美的第一大姓則是姓『高』。先說張家好了，他們的祖籍是福建的安溪縣，安溪張家人移居木柵之後，到了第五代張迺妙、張迺乾兄弟兩人，在日本治台的第二年，從安溪老家帶來了十二株茶苗，試種在指南山下的樟湖。樟湖就在貓空附近，這是台灣最早種植鐵觀音茶的開始。」

「爲什麼張家的後人都種茶呢？」

「很簡單，因爲好賣，賺錢。我們邊走邊談。」

兄妹倆跟隨爸爸走下橋。

「茶樹喜歡全年濕潤多霧的天氣，木柵這片淺山地區，剛好符合茶樹的生長，而鐵觀音是烏龍茶中的珍品，它是屬於半醱酵茶，茶水綠中帶褐，含有一點果酸味。」爸爸說到這裡，打開車門，父子三人上了車，汽車又爬上了橋。

•木柵及深坑地區，許多老地名均稱爲「坑」，坑是淺山地區比較狹小的凹平之地，大一點的叫做「湖」，更大的稱爲「盆地」。待老坑、老泉坑均在文山區老泉里，北二高南下過了政治大學後山之後，剛好經過本地。

「到了一九二六年，張家兄弟的鐵觀音茶得到了日本官方的金牌獎，他們又擔任茶葉的巡迴教師，因此木柵鐵觀音打響了知名度。他們認爲鐵觀音茶值得進一步推廣，於是回到安溪，再買了茶樹一千多株，種植在貓空，逐漸擴散到老泉坑、待老坑一帶。台灣光復之後，茶價大幅下滑，許多茶農紛紛改種其他作物，只有貓空、樟湖一帶的張家後裔繼續種茶……」

爸爸說了一長串，訪哲忍不住問：「後來爲什麼變成觀光茶園呢？」

「你問到重點了，因爲民國六十九年，台北市農會曾調查全市的茶園，發現木柵地區的種植面積就占了一半，於是選定木柵的貓空一帶，創辦『觀光茶園』。」

爸爸指著右方街上的一家茶行說：「當時這裡共有五十三戶茶農，農會就在產業道路上挨家挨戶編號，並在家

門及茶園掛上示範牌……。所以你才知道這些人家都姓張，對不對？」

說到這裡，訪柔突然看到了路標，好奇的問：「爸爸，大夫廟是什麼？」

「哦，應該念成『ㄉㄞˋ』夫廟，大夫是從前的大官名，大夫廟是……你聽過『常山舌睢陽齒』這句話嗎？」

訪柔搖搖頭：「沒聽過。」

「我知道！」哥哥搶著說：「睢陽齒就是指張巡和許遠。」

「不錯！」爸爸忍不住稱讚訪哲。「張巡和許遠，是唐朝時代的大將，他們在安祿山之亂，死守睢陽城很久，後來官兵沒東西吃了，張巡還殺掉了妾——就是小老婆，煮給士兵吃。後來睢陽還是被攻破，張巡和許遠兩人的牙齒雖被安祿山敲光了，還是不停的咒罵安祿山直到死，皇帝嘉許他們忠勇，所以封許遠爲保儀尊王、張巡做保儀大夫。」

「所以大夫廟就是拜保儀大夫。」哥哥接著說。

「你們看！」爸爸指著左前方突出的金黃色廟尖，「那就是大夫廟，木柵忠順廟。」車子慢慢滑下陸橋，爸爸繼續說：「剛才我們說過，木柵第一大姓是張，景美是高，再下去的深坑姓黃。這三個家族，祖先的原籍都是安溪縣，想想看，景美溪沿線三大家族都是安溪人，這說明了什麼？」

兄妹倆都搖了搖頭。

爸爸繼續說：「安溪屬於泉州府，泉州是元朝時候中國的最大商港，但安溪卻是唯一不靠海的縣分，他們本來就是山區的農民，所以他們移居台灣之後，也住在

靠山地區，這點說明了，原來一個族群的生活方式，和他們祖先的生產技能有很深的關係，例如安溪人來台灣後一樣種茶，還有綠竹筍，從前還在河谷地上，種植水稻呢！」

「爸爸，我們不要去動物園了好不好？」訪哲突然打斷他。

「爲什麼？」爸爸瞪大了眼睛。

「聽你說景美溪的故事眞有趣，我想繼續去看景美溪的上游。」

「眞的？太好了！」爸爸興奮的回頭看了他們兄妹一眼，高興的說：

「我帶你們去看深坑老街、深坑黃宅，還有分水崙……」

基隆河——產金之河

基隆河是台灣最北端的河系，發源自平溪鄉石底村西側，全長八十八公里，為淡水河三大支流之一。

上游由平溪到瑞芳，中游是指瑞芳到南港的河段，南港以下則進入台北盆地，並匯入淡水河，朝西入海。

古時基隆河流域通舟楫之利，清康熙三十六年（西元一六九七年），就有浙江郁永河溯基隆河，入雙溪河谷採硫磺的記載。

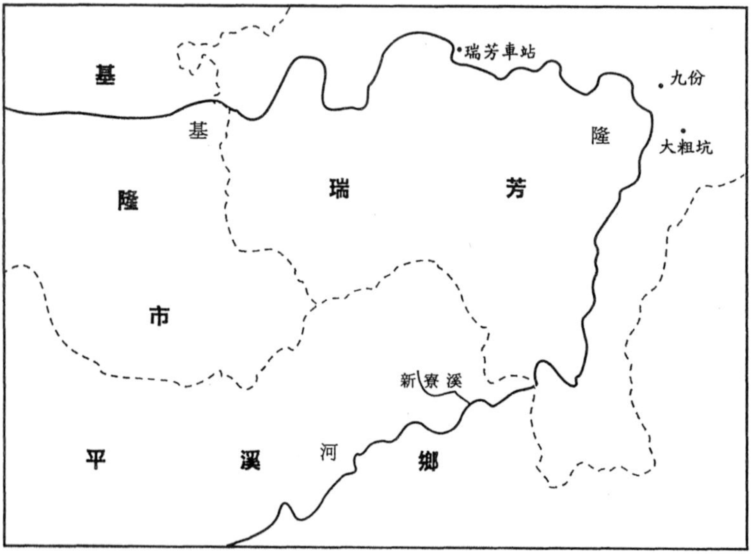
瑞芳車站
九份
大粗坑
基
隆
市
基
隆
瑞
芳
新寮溪
河
平
溪
鄉

天色在一刻鐘前剛暗下來。阿金喘著氣爬上陡坡，一邊向上望著黑色的山尖；阿公就站在嶺頂，山風灌滿他的衣角，整個人就像大鳥一樣展翅待飛。

「阿公，回家了。」阿金拉開嗓子大喊。

「阿金，快上來，你看，大船載著日用品，往我們這裡來了。」阿公興奮的叫著。

又來了。阿金心裡嘀咕著，一邊喘氣爬上嶺頂：「阿公，那是遠洋漁船。回家了，爸媽都在等我們吃晚飯。」

今天阿金放學回家，媽媽就說阿公又走失了。阿金馬上跑出家門，他知道阿公會去哪裡。果然不錯，阿公又爬上這座雞籠山來看船了。

「阿金，你知道我們這裡爲什麼叫九份嗎？」

「因爲這裡以前就住九戶人家，日用品全靠基隆河水運、貨船運送，並分成九份，久了就以九份爲地名。」阿金像背書一樣，一口氣說完。阿公得了老年癡呆症以後，每隔一段時間，阿金就要聽一遍阿公的陳年舊事，聽得都能倒背如流了。

「那你知道，後來這裡曾風光過一段日子嗎?叫啥米……」

「小上海。」阿金耐著性子說。「阿公，拜託，你要講就講一些新的好不好?」

「哦，這些你都聽過了?好，那就說些新的。以前台北人常說，上品輸九份，下品輸台北，就是說，以前九份的黃金年代，家家戶戶都很有錢，許多人隨便往地上一挖，就能挖出亮澄澄的黃金……」

「所以，九份人用好吃好，酒店、酒家、商店滿山都是，還蓋了北台灣第一家戲院，就在豎崎路上……」

• 一九三〇年至一九四〇年，九份黃金生產量達到最高峰，創造九份最光芒的黃金年代。當時有「三更貧，四更富，五更起大厝」的俗諺，形容九份人成暴發戶的情形。

•清光緒十五年（西元一八八九年）夏天，台灣首任巡撫劉銘傳開築台北、基隆間的鐵路，在八堵車站附近架設鐵橋時，有一個曾到過美國產金地加利福尼亞州的粵籍工人，在清洗便當盒時發現了金沙。這是基隆河淘金熱的開端。淘金者循著基隆河往上游淘金，到了一八九三年，已溯至金瓜石一帶。

「啊！你眞聰明，什麼都知道。」

「是你說過的。」阿金垂頭喪氣的說。

「我忘了。好，那我再說點別的。」阿公興致勃勃的。「你知道基隆河發現金沙的故事嗎？」

阿金邊搖頭，邊算計著如何把阿公拐下山。

「阿公，我們邊走邊說。」挽著阿公的臂膀，阿金裝作認眞的樣子問：「基隆河產金，眞的嗎？」

阿公果然隨著阿金的腳步走下山。「是眞的。差不多一百多年前，有一群工人在八堵附近河岸忙著架設鐵橋，其中有一個工人吃過午飯以後，到河邊洗便當盒，用便當盒淘啊淘，看見河沙裡面混著沙金，他高興的大叫：『金——金沙。』從那以後，就吸引大批人在基隆河沿岸找金脈，準備淘金。」

「從八堵找到九份？」阿金意外的聽出興趣來。

•基隆河中游由瑞芳到南港，經過暖暖、八堵、七堵，抵達汐止、南港，南港以下進入台北盆地，屬基隆河下游，是河運商埠的精華地區。

•光緒二十一年（西元一八九五年），甲午戰爭失敗後，清朝把台灣割讓給日本。日本採取地毯式的搜索，找到礦脈，產金量因此大增。一九一七年時，九份一帶的黃金產量已達到兩萬一千多兩。

「怎麼找？」

「憨孫哩，八堵在基隆河的中游，當他們在八堵發現金沙，就由七堵、八堵一路往上游淘金啦，後來淘金的範圍擴大，挖到大、小粗坑及金瓜石這裡。」阿公說：「你知道基隆河流過哪些地方？」

阿金搖頭。他真的不知道，地理課又沒教。阿金不好意思的看著阿公，阿公一臉癡呆的表情不見了，換上一團閃亮的光采。阿公悠悠的說：

「很久很久以前，基隆河是一條水源豐沛的河川。我小時候聽我的阿爸說，基隆河的水運很發達，帆船可以通航到瑞芳。差不多在民國二十年以前，基隆河中游的河運還很順暢，像現在的劍潭、松山、南港、汐止，都是基隆河岸很繁榮的商港，山裡的物產、城裡的民生用品，都靠基隆河上的帆船往來運載。九份最繁榮的時

•光復以後，採金事業仍然持續，由於大量開採的結果，金礦由盛而衰。民國五十六年開採作業叫停，九份山區人口逐漸外移。

代，也是靠基隆河對外交通。日本占領台灣以後，九份、金瓜石這一帶的人，幾乎都靠採金爲生……」

阿公說到這裡，突然頓住不往下說了。阿金很意外，向來阿公只要說到有關淘金的事，總是沒完沒了，今天倒是第一次說得這麼簡短。祖孫兩人沈默的走著，走到五番坑口路旁，阿金終於忍不住問：

「阿公，九份採金一直到什麼時候才結束？」

「差不多民國五十幾年吧，你都還沒出生呢！」

「我們一直住在九份嗎？」

「你爸爸在你還沒出生的時候，一直住台北，因爲這裡沒有金礦可以挖了。前幾年我們又搬回來做生意，你看，每次假日這麼多遊客，多熱鬧。」

「那——是採黃金的時候熱鬧，還是現在？」

「那不一樣啦。現在人都是從外地來遊玩，累了就走了。以前是沒有人願意離開九份。」阿公的神色黯淡下來。「以前，九份的人，連馬桶都是用最好的……」

天色暗得眞快，幸好已經快到家了。阿金扶著阿公一步一步爬上豎崎路的石板階梯。

「阿公，你也採過金嗎？」

「當然啦！」

「所以，以前我們也賺很多錢囉？」

「……」

「眞的往地上一挖就有嗎？」

「沒啦，現在，什麼也沒有啦……」阿公彎著腰吃力的爬著：「眞的，什麼也沒了……」

•民國七十二年，一批藝術家開始關注九份，並有部分人士搬入此地，引起外界注意。之後，九份數度成爲電影、廣告片的主要場景。民國八十二年，開始吸引大批觀光人潮，九份梅開二度，再次掀動繁華。

新店溪——香魚的故鄉

新店溪上源兩大支流是南勢溪與北勢溪。
南勢溪發源自巴博庫魯群山，
北勢溪發源於雪山山脈主脊，
鶯子山群的三方向山。
兩溪在龜山里雙溪口合流，
以下就是新店溪主河段，
因流經新店市而得名，
為淡水河系三大支流中，
流程最短的河川。

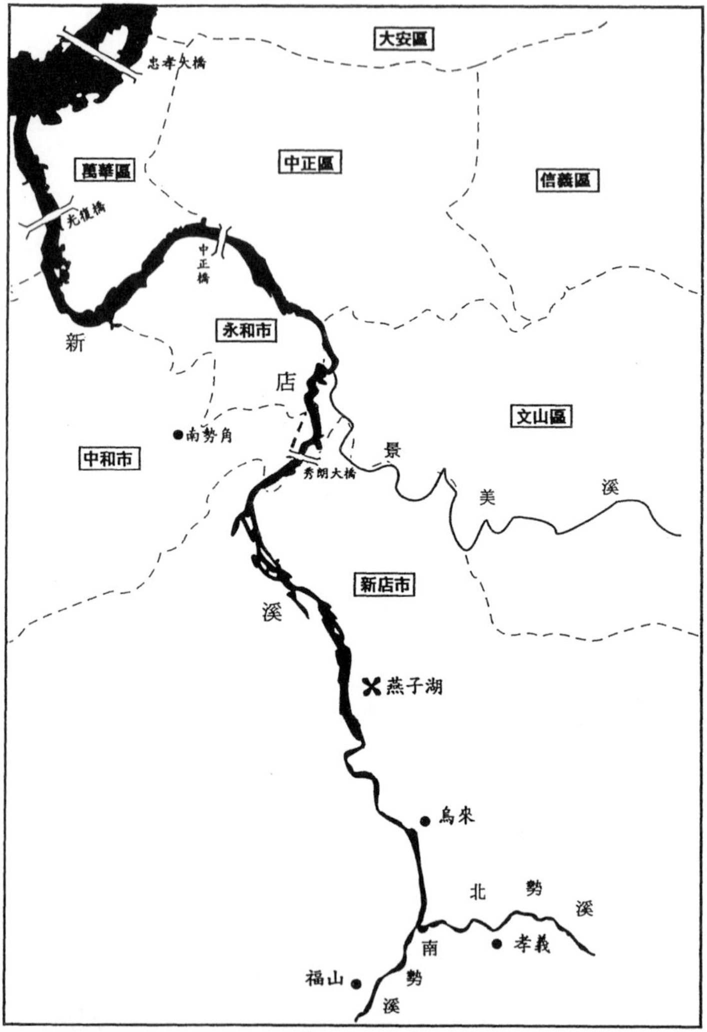
大安區
忠孝大橋
萬華區
中正區
信義區
光復橋
中正橋
永和市
新
店
文山區
南勢角
中和市
秀朗大橋
景
美
溪
新店市
溪
燕子湖
烏來
北
勢
溪
南
孝義
福山
勢
溪

•新店溪全長七十三點三公里，占淡水河流域總面積的百分之三十三。主要支流除上源的南、北勢溪以外，在青潭里附近注入青潭溪，至柴埕里外挖仔有安坑溪來匯，北行二點五公里，經秀朗橋，景美溪東南而來，至此溪水一路北行，在港仔嘴「江子翠」注入淡水河流域。

車上，訪哲、訪柔兩兄妹一路吵嘴。

「我說那是水庫，不是湖，笨，聽不懂啊！」訪哲幾乎耐不住脾氣了。

「那，水庫是什麼？是大湖嗎？」

「哦——」訪哲呻吟起來。「湖是湖，水庫是水庫，OK？」

「就算是水庫，裡面還不是一樣養魚。」

「哦——爸，拜託你幫幫忙，我眞受不了妹妹。」

爸爸大聲笑起來。「其實，水庫的功能很多，像灌溉、防洪、供水、發電、觀光、養魚等。」

「你看，水庫還不是有養魚。」訪柔很得意，又問：「那這水庫的水是從哪裡來的？又要流到哪裡去？」

「嗯，這樣問就對了。你們看，我們右側的溪流，

•民國七十年至七十六年，政府在南勢溪與北勢溪的合流處「雙溪口」上游約三公里的翡翠谷，興建高一百二十二點五公尺，寬五百一十公尺的拱壩，叫翡翠水庫，總蓄水量約四億六百萬立方公尺，供給大台北地區大部分居民的日常用水。

就叫新店溪，這水庫是翡翠水庫，台北市以及台北縣部分鄉鎮家裡用的自來水，就是匯集新店溪上游的水，經過處理以後，再以各種大大小小的分配管線，送到每一戶人家家裡的。」爸爸一邊開車，一邊比手畫腳。「你們知道新店溪有多長嗎？」

訪柔說：「比這條路還長嗎？」

訪哲說：「那還用說。」

「那到底有多長？」

「反正比路還要長……」

「哈哈！我來告訴你們。剛剛我們看到的水庫附近，就叫雙溪口，爲什麼叫雙溪口，就是因爲新店溪的兩大源流，南勢溪和北勢溪在那裡合流，合流以後的，才叫新店溪。你們知道嗎，每一條河川，都是由許多大大小小的小溪匯流而成，新店溪也一樣。所以你們說新

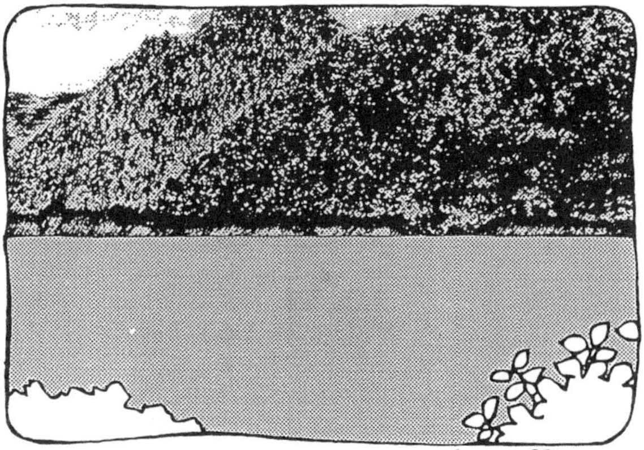

店溪比路還長，一點也沒錯。」

「爸爸，那新店溪流到哪裡去了？」訪柔問。

「新店溪是淡水河三大支流之一——」

「嘿，我知道啦，新店溪就流到淡水河去了。」訪哲搶先說。

「我不相信，你又沒看見。」訪柔懷疑的說。

「喔！拜託你好不好，當然是看不見啊！」

「爲什麼？」訪柔打破沙鍋拷問哥哥。

「別急，我慢慢說給你們聽。」爸爸趕緊幫哥哥解圍。「沒錯，新店溪就是注入淡水河。剛剛我說過，新店溪的上源有南、北勢溪，在雙溪口以上的河段，稱爲上游，從雙溪口到碧潭渡船頭，就是上次帶你們坐小渡船那裡，也就是新店溪的出山口，稱爲新店溪中游，下游以後溪流經過永和、板橋，到江子翠附近，注入淡水

河。你們看，一條新店溪流經幾個市鎮，當然不能一眼望盡啦！」說著說著，車子轉了幾個大彎，眼前出現一大片水域。爸爸把車停在路邊。一下車，妹妹就哇哇叫起來。

「哇，這個水庫好漂亮哦！」訪柔說。

「什麼？這是水庫？說你笨，還不承認，這是湖啦。」鬥雞似的訪哲說。

「要你管。」

「這叫燕子湖。」爸爸說。

「爲什麼叫燕子湖？」訪柔問。

「這個湖，以前叫做慈潭，後來因爲常有許多燕群在湖上飛翔，所以改稱燕子湖。」

爸爸說。

「那湖是怎麼形成的？」訪哲問。

「這是一座人工湖。因為在雙溪口附近，還有一個屈尺水壩，從雙溪口到屈尺水壩之間，水道平直，自然形成一個人工湖。」爸爸指向屈尺的方向說：「妹妹不是喜歡抓魚嗎？你們知不知道從前新店溪的特產是什麼？」

「是什麼？」

「是香魚。」

訪柔睜大雙眼，露出興奮的表情。「爸，我們去抓香魚。」

「可惜，香魚已經快絕種了。」

「爲什麼？」

「走，我帶你們去屈尺水壩看一看，再慢慢告訴你們。」訪柔第一個跳上車，急著問：「爸爸，現在都抓不到香魚嗎？」

•香魚，學名鮎魚，主要產地在新店溪流域，尤其是南、北勢溪的上源，在日治時期，產量還很豐富。

•日治時代，建於雙溪口一點六公里處的屈尺堰，設有魚梯便於魚類洄游。

「南勢溪、北勢溪的上游應該還有，但是數量不多了。差不多五十年前，新店溪的香魚遠近馳名，很多人千里迢迢跑來這裡吃香魚，聽說很好吃，我們已經沒有機會吃到了。」車子轉進一條村路。爸爸說：「這裡叫屈尺，屈尺壩就在前面。」

下車後，爸爸遠遠指著水壩那頭說：「你們注意看，水壩左側有一道像橋的東西，那叫做魚梯。」

「魚梯，那是魚走的樓梯囉？」訪柔好奇的問。

「可以這麼說。香魚能不能活下來，跟這魚梯有很大的關係。」

「爸，魚也會爬樓梯？」訪柔怎麼也想不通。

「香魚主要生活在新店溪上游，每年入秋以後，香魚順著水流，到中下游一帶產卵，等小香魚長大以後，再帶著小魚回溯至上游。在還沒有建造攔砂壩以前，香魚回溯沒有問題，可是自從蓋了一座又一座的水庫、水壩、發電廠後，就必須爲魚類建造魚梯了，不然，魚就無法越過這麼高的壩台，回到牠們的家。」

「既然蓋了魚梯，爲什麼香魚還會絕種？」訪哲提出疑問。

「這個問題很複雜的。」爸爸想了一下說：「日治時代，日本人在前面一點叫做龜山的地方，蓋了一座「小粗坑發電所」，爲了儲備南勢溪水源而築了水壩。當時日本人研究新店溪的自然生態，爲了讓香魚能夠溯溪回到原居地，所以在水壩旁築了魚梯，這是台灣第一個魚梯，可是……」爸爸有點懊惱的說，等到光復以後，我們的國民政府，在新店溪上游到中游這一段，陸續蓋了很多水壩，有些根本連魚梯都沒做，魚類當然就會逐漸絕種了。」

•日治時代以前，新店溪上游的香魚，往往在白露前後離開烏來、坪林上游，立冬時游到公館、古亭附近，然後在那裡的淺流處產卵。等長成透明的小香魚以後，隨著溪水出海，一季過去，再溯淡水河逆流而上，回到新店溪的上源。

•香魚最大產地在南勢溪的最大的支流桶後溪流域，林務局在此建有數座水壩，兼具攔沙、攔水功能，壩側都建有魚梯，供魚類洄游上下。但下游的新龜山「桂山」發電廠攔水壩的桶壁堰，造成下游缺水，水溫升高。屬高溪魚種的香魚受到生存威脅及洄流困難，因而逐漸走上絕跡的命運。

「那以後再也抓不到香魚了？」訪柔很失望。

「你就只知道抓魚。」哥哥說。

「也許有一天，我們眞能在新店溪抓到香魚。」爸爸安慰的說：「因爲翡翠水庫蓋好之後，有關單位從日本買回香魚苗，在新店溪復育，現在的屈尺水壩也設有魚梯，這樣香魚就可以安心回到老家了。」

「原來是這樣。」訪哲停頓了一下：「香魚要回到老家，原來這麼辛苦。」

「而且，也很危險。」訪柔也說。

訪哲突然想起今天出遊的目的，嚷著說：「爸，你不是要帶我們去游泳嗎？」

「好，上車吧！」

兄妹倆高興的跳上車。車子往烏來的方向開去。

「我們去香魚的故鄉游泳。」

「順便抓香魚。」

「香魚長什麼樣子？你抓得到？」

「要你管……」訪柔大聲叫著說：「雞婆！」

大嵙崁溪——再見，樟樹

大漢溪，又稱大嵙崁溪，
發源自大霸尖山，
流域全長一百三十五公里，
是淡水河三大支流中，
流程最長、汙染最少的河川。
一百多年前，大嵙崁溪水量豐沛，
水運發達，舟楫直通大台北，
是台灣最長的內河航運線。

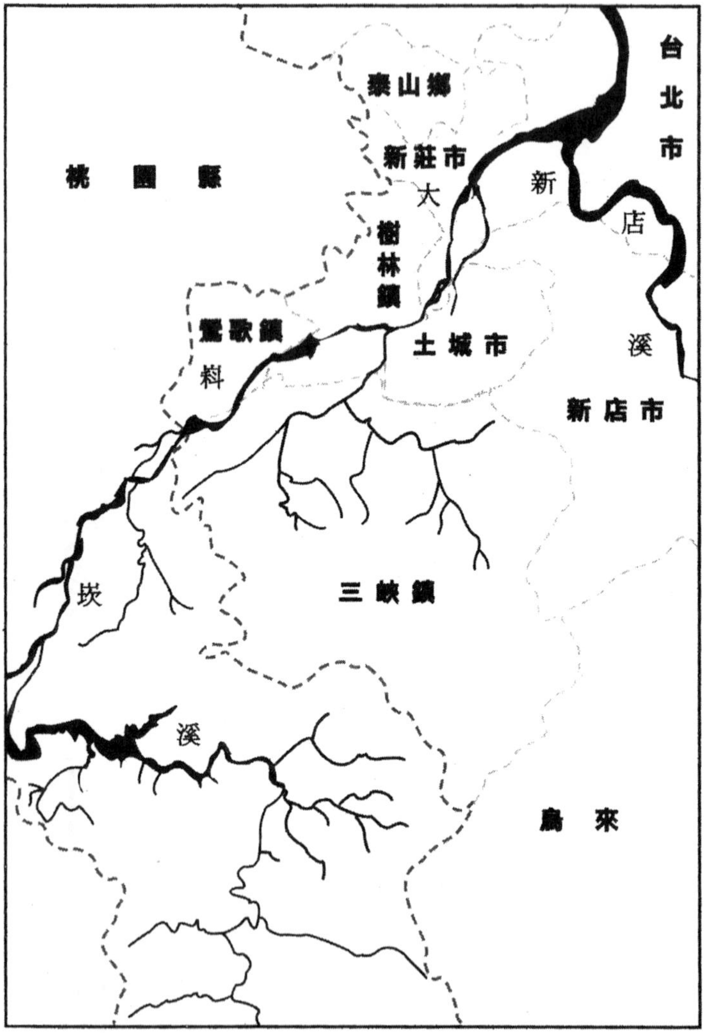
台北市
泰山鄉
新莊市
桃園縣
新
店
大
樹林鎮
鶯歌鎮
土城市
溪
料
新店市
崁
三峽鎮
溪
烏來

江笛與同學秀谷在屋簷下躲雨，雨勢正猛，兩人知道一時之間回不去，索性放心的聊起天來。

「這幢舊房子眞大，不知道是怎樣的人住過的。」秀谷說。

「你不知道？這是林本源家族的房子哩！」江笛說。

「林本源是誰？」

「虧你還是本地人，林本源是誰都不知道。其實，林本源不是人名，而是一個家族性的開墾組織，類似今天的私人企業公司。」江笛進一步說：「板橋那個林家花園，你總聽說過吧？」

「林家花園和這幢屋子有什麼關聯？」秀谷眞的什麼都莫宰羊。

「這幢房子和林家花園是同一個主人，懂嗎？」

•林本源家族，先祖林應寅，乾隆四十三年（西元一七七八年）來台，居住於新莊，二傳至平侯，曰有發展，當時新莊時有械鬥發生，嘉慶年間，遷至大嵙崁。

平侯有五子，分別掌理「飲、水、本、思、源」五記，其中老三國華、老么國芳較爲傑出，合稱「本源」，後人遂以「林本源」稱呼這個家族。「本源」乃代表林家的家號而已。

•林本源家族在嘉慶元年（西元一七九六年）由新莊遷至大溪，大興水利，開路設寨，直到咸豐三年（西元一八五三年），把大溪經營成爲桃園地區水陸交通的要衝。

「好像懂了。」秀谷漫不經心的說。其實，誰是誰，她永遠搞不清楚，不然上歷史課就不會經常打瞌睡了。季谷羨慕的稱讚江笛：「你眞是不賴，懂的事不少，難怪歷史老是拿高分。」

「我是聽我伯公說的。」江笛的伯公是這一帶有名的讀書人，在日治時代讀過漢文，光復以後，還做過大溪鎮的代表。平時，他最喜歡講古老的事給子孫們聽，所以江家上下都很熟悉大溪的掌故。伯公曾說：「大溪是桃園縣開發較早的市鎮，在乾隆初年，就有漢人來到這裡拓墾，直到清末，台灣首任巡撫劉銘傳，發現大溪山地經營的潛力，把撫墾總局設置在大溪，從此以後，大溪就成爲北部重要的港口市鎮。

「我伯公說，林家開墾大溪，比官方的開墾還早，那時候，大溪商業非常繁榮，光商家就有三、四百家。」江笛補充著說。
「看不出大溪曾經這麼風光過。」
「大溪老街，不就是歷史見證了嗎？」
「這鳥不生蛋的地方，是怎麼發展起來的？」
秀谷的想法很簡單，這依山傍溪，交通閉塞的地方，哪有什麼發展條件呢？
「嘿嘿，你概念不錯，問到重點了。」
「少拍馬屁，快說。」
「我們從小玩到大的那條溪，叫什麼溪？」
「大漢溪啊。」
「只能說，對了一半。」
「怎麼說？」
「大漢溪又叫大嵙崁溪，以前大嵙崁接淡水河的河段，是台灣北部最長的內河航運線。」

•光緒十二年（西元一八八六年），劉銘傳設撫墾總局於大嵙崁，主要目的是開山撫番。當時，大嵙崁山區是泰雅族大豹社的勢力範圍，撫墾局的設置，一方面招撫強悍的原住民，一方面開山採樟，由林維源擔任總辦，並以樟腦貿易拓展事業。

• 大漢溪舊名大嵙崁溪，譯自大溪的舊地名，大溪初做「大姑陷」，原住民語意爲「大水」，後來因「陷」字不吉，改名大姑崁，大溪月眉李騰芳中舉以後，改爲大嵙崁，至大正九年，更名爲大溪。

• 這裡指的台北是大稻埕艋舺（萬華）等重要商埠。

• 日治時代，洋行皆已被迫撤出台灣，僅有的是日本人的商社。

「你有沒有弄錯？大漢溪可以走船？」秀谷難以置信的說。

「聽我伯公說，大嵙崁溪當年商務鼎盛，享有二十年的黃金歲月，主要是近山地區盛產樟腦及茶葉，大溪的水運可以通航到台北、三峽、新莊，甚至大陸沿岸，貿易四通八達，所以成爲北台灣樟腦及茶業的集散中心之一。」

「樟腦？驅蚊蟲的樟腦丸嗎？」

「樟腦丸是成品，它的原料就是樟樹。聽說以前山區裡滿山都是樟樹。」江笛從伯公那裡聽來的故事，就趁這時候說給秀谷聽，「後來日本統治台灣，在這裡大規模的開墾，光靠樟腦討生活的就有數千人，街上有許多日本會社，主要都是從事採樟製腦的買賣。」

「那大嵙崁溪就是爲了運輸這些山產囉？」秀谷

•大嵙崁至台北六館（大稻埕）五小時，台北溯上回航，有風時需十二小時，無風則需一天多。

•明治三十二年（西元一八九九年）之後，日本政府實施樟腦專賣，設樟腦總局，各地設分局，並於產樟地區普設督察所，一九一九年樟腦生產改官督民辦，成立台灣製腦株式會社，進入全盛時期，估計在河川上運送貨物的貨船，超過三百艘以上。

說。

「確實是這樣。那時候的大溪碼頭船舶如織，是人群聚集最多的地方，至少約有近千人靠航運爲生。」江笛記得伯公這樣說。

「搞不好我們的祖先，以前都是碼頭工人。」

江笛回想伯公說的話，「早上九點左右從大嵙崁張帆順流而下，大概下午三點就能到達台北。可是如果從台北逆流而上，則差不多一、兩天才能到達大嵙崁。船上載著從山區運送出來的樟腦和茶葉，或從台北運往山區的食糧和日用品；傍晚時分，崖板路旁聚集了數百個搬運苦力，等待貨船入港，這種種情況，實在無法和現在的大溪聯想在一起。」

「你從小到大，都聽這些故事？」秀谷覺得很奇怪，爲什麼他都沒聽大人們說過。

「你覺得不好聽，對不對？」

「是有一點無趣。」

「我知道你不想聽了。」

秀谷不好意思的笑了笑，說：「你還沒告訴我，大嵙崁溪後來怎麼不走船了？看現在水量這麼少，眞的沒辦法想像，每天有三百艘船在上面行走的樣子。」

「據說是河道淤淺，水量減少。我伯公說，大嵙崁的興盛就像曇花一現，也沒落得快，就像秋風掃落葉一樣。至於大溪的名字，我伯公說取得名副其實，大溪靠著這條溪興盛走運，也與它的沒落共存亡，現在還好有大溪豆干的知名度撐場面，不然可能連大溪的特色都完全消失了。」江笛說。

「說得也是。」秀谷只能這樣說。

雨還不停的下著，兩人站在屋簷下，聽著霹靂啪啦

•現在大溪鎮仍保存著當年苦力擔運山貨的石板階路，靠近現在的武嶺大橋。

•大正五年（西元一九一六年），桃園大圳工程開鑿，大嵙崁溪水大量減少，以致無法航行，嚴重打擊了大嵙崁的商業機能。

的雨聲。這場雨過後，大漢溪的河水又會暴漲起來，不過已經不是那萬商雲集，舟楫點點的大嵙崁時代了。

一陣沈默後，秀谷終於忍不住提議跑回去。兩個人抱著頭，衝進雨幕中。

「秀谷，你知道我們這附近還有沒有樟樹？」

「你說什麼？」雨聲太大，兩個人邊跑邊喊。「聽說日治時代，台灣的樟腦產量世界第一，不過，也在那時候差不多被砍光了。」

「砍光再種就好啦。」秀谷喊著說。

「你不知道樟樹都是野生的嗎？」

「啊？你說什麼？」

「我是說——」江笛邊跑邊搖頭說：「樟樹砍光了，樟樹傳奇的時代過去了……」聲音小得連自己都聽不見了。

立霧溪——大理岩奇觀

立霧溪流域涵蓋太魯閣國家公園
面積的三分之二，
發源自奇萊主峰的西北方，
標高三千四百四十公尺；
溪流一路朝東北，轉東直奔太平洋，
溪岸有各種聞名的石礦資源，
如石灰石、白雲石、石英石、雲母石，
還包括享譽東南亞的大理石等。

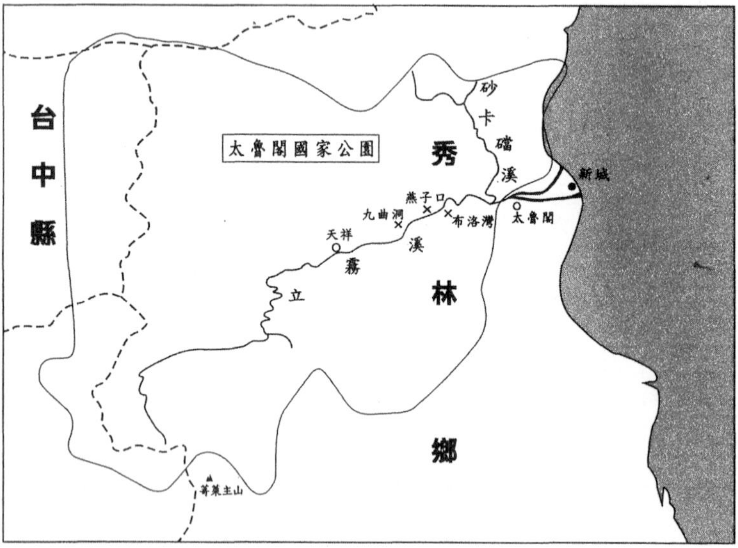
台中縣
太魯閣國家公園
秀
林
鄉
砂卡礑溪
新城
燕子口
九曲洞
布洛灣
太魯閣
天祥
立霧溪
等葉主山

喜歡畫圖的阿山，午休時間就坐在工地的草坪上，用炭筆塗鴉起來。工人阿根走過來，站在他背後，看了一會兒。

「你鬼畫什麼？」阿根故意問。

畫面上是一條沿著溪谷，彎來拐去的公路，一個還沒畫好的人，佇立在欄杆旁，仰著頭，前方是一片矗起的山壁。

「錐鹿大斷崖。」阿山頭也不回的說。

「畫得眞好，」阿根說：「好雄偉的太魯閣峽谷，你去過那裡？」

「那是我的故鄉。」

雖然是初稿，但是雄壯而渾然天成的太魯閣溪谷景觀，已經躍然紙上。阿根問：「你家眞的住在太魯閣？」

「嗯。」阿山點頭。

「爲什麼跑這麼遠來當板模工？」這是白問的，自己還不是一樣來自遙遠的後山。

「以前在家鄉做採石工人，現在大理石銷路不好，工作機會少了。我們原住民來到台北，還能做什麼？」阿山繼續畫圖。

「穿過深谷的這條溪一定是立霧溪了。你是——太魯閣？」阿根說。

「不，我是陶賽。」

阿根高興的說：「我媽也是陶賽人，原來住在布洛灣，你呢？」

「巴達崗。」阿山說：「就在布洛灣的對岸，隔著一條溪。」

「啊，那是一個美麗的地方。」

•後山是指中央山脈以東的花蓮、台東地區。

•布洛彎在立霧溪畔發電廠段南岸的高位河階，原是太魯閣族的社名，現爲布洛彎度假山莊。

•巴達崗在立霧溪北岸，燕子口上方的高位河階，原是錐鹿古道上的一個太魯閣族大部落。

•立霧溪主流源自奇萊主山北峰的西北方，全長五十八點三七公里，主流上源陡急，越往下游越平緩。本流東段，天祥以上的溪谷比較開闊，稱爲「外太魯閣峽」，天祥以下都是堅硬結晶的大理岩，沿途峭壁對峙，形成峽谷奇觀，稱爲「內太魯閣峽」。

「你去過？」阿山回頭問阿根。

阿根尷尬的笑了一下，「我是聽我媽說的。你呢？常回去嗎？」

阿山猛力的搖著頭顱。

「立霧溪，我的童年，我的回憶。」阿山低吟著。

兩岸峭壁被阿山畫得急陡高聳，插入雲端，立霧溪蜿蜒穿過峽谷，幾座石山矗立在河床上，急流拍打岩石，濺起濃密的水花。

「太魯閣，你也沒去過嗎？」阿山問阿根。

「國中畢業旅行去過一次，只是走馬看花而已」。阿根誇張的說：「眞是沒話說，太神奇了，人家說什麼——鬼——什麼——工……。」

「鬼斧神工啦！」

「對！對！就是鬼斧神工。哇，那峽谷……」阿根

• 立霧溪至天祥以下，爲台灣主要的大理石產地。大理石岩性堅硬，能夠支撐高大懸立的邊坡。立霧溪強大向下的侵蝕力，下切深谷，兩岸的峭壁懸崖緊逼河道，大理岩發生護崖作用，使河谷邊坡不致崩塌。

想了半天，找不出形容詞，只好說：「就……就像你畫的這樣。」

阿山在畫紙上補上最後一筆，看一看自己的作品，得意的笑了起來。故鄉的山和水，就是這樣絕對，水往下切，山頂著天，那是我們原住民的天堂。

「聽說，太魯閣峽谷是世界罕見的大自然奇觀，眞的嗎？」阿根帶著羨慕的口氣說。

「那當然。」阿山得意的說。

阿山和叔叔吉魯在山谷中採石的那段日子，阿山常聽叔叔說，大理石構成的峽谷，非常珍貴，是屬於世界上罕有的地形地質景觀。

吉魯叔叔天生對峽谷有分特殊的感覺，包括谷內的一草一木，水流石壁，他都以敏銳的觸覺去感受。有一次，叔叔蹲在一塊剛採下來的原石上，以手觸摸光滑的石面，口中喃喃自語：「你是山神的背脊。」

阿山聽得一頭霧水，當時他只有十六歲，什麼也不懂。山神在哪裡？大理石不過是有漂亮花紋的石頭，就癡迷成這樣？

「你懂什麼？」吉魯始終這樣說。

阿山是不懂，可是他跟叔叔一樣，對家鄉的山水有一分特殊的感覺，每當他走入幽深的峽谷，情緒就能安定下來；來到台北以後，才知道自己需要的是什麼。

「採石很賺錢嗎？」阿根突然暴出這樣的話。

「賺？」阿山苦笑：「賺什麼？」

「太魯閣一帶，光是大理石藝品店，就有十幾家，不賺錢才怪呢！」

阿山不以爲然的說：「那是外地人，他們賺了不少觀光客的錢。」

・大理岩，又稱變質石灰岩，主要集中在花蓮縣境內的和平、和仁、清水和佐倉等地。大理岩，有灰色、純黑或白色網狀等色彩，紋理細緻優美。

•民國七十五年以前，大理石爲花蓮縣主要產業之一，太魯閣峽谷的觀光效益，直接影響大理石的暢銷，當時花蓮市區大小藝品店，就有數百家之多。加工後的大理石用途，從建材、日用品到裝飾品，樣樣精美實用，成爲日本觀光客的搶手貨。

「那你們採石工人呢？」

阿根一句無心的話，叫他答不出來。每一年夏天，從西部來的人，以及一批又一批日本的、美國的、歐洲的觀光客，不約而同的湧到峽谷，他們迷惑於峽谷的壯觀雄偉，讚嘆造物主的鬼斧天工；而阿山卻揮汗如雨的忙著工作。在美麗峽谷中橫公路的另外一側，原本蒼翠的山頭，像脫了一層皮的人體，裸露著五官與筋骨；那滿坑滿谷的大理岩，每一塊都像鋼鐵一樣堅硬；每天清早，大型的採石機械畫破了山區的寂靜，使人聽不見立霧溪萬馬奔騰的吼聲。阿山、吉魯叔叔和一批採石工人，負責把原石採擷下來，再用大貨卡車運送到離花蓮市區不遠的工廠加工，這個過程，常讓阿山叫苦連天。

「我不想再當採石工人了。」有一天，阿山終於提起勇氣，對吉魯叔叔說。

「爲什麼？」其實吉魯叔叔是明知故問。

「很累，而且，只賺這一點工錢。」阿山說。

這個理由很正當，吉魯的臉色暗沈下來。阿山有些害怕，把臉垂到膝蓋上，不敢正視叔叔。許久，吉魯叔叔說：「照這樣下去，有一天，整條山谷的大理岩也會被採完的。」

阿山不知道應該高興還是悲傷。總之，叔叔不反對他放棄採石，可是如果不採石，那麼，他就是失業了。

「不管有沒有賺錢，反正，我是不會再採石了。」阿山像自言自語的說：「現在我才明白，吉魯叔叔說過的話。」

「吉魯叔叔是誰？」阿根不知道阿山在想什麼。

「他是一個愛峽谷的人，」阿山抓起炭筆，換一張紙，開始素描一個人頭像。「去年，他跑來台北找我，

跟我說，長春祠後面的石壁壓下來，把廟的偏殿壓垮了，而且立霧溪的水也越來越少，外地來的觀光客卻越來越多，他們玩得很盡興，要走的時候，都會留下一些紀念品……」

「什麼紀念品？」

「垃圾啊！」阿山一邊畫，一邊說：「他現在的工作是背著竹簍，在溪床上撿遊客留下來的鋁罐、塑膠袋……」

阿根伸長脖子，睜眼看著阿山新出爐的作品，一邊看一邊咧開嘴笑，最後忍不住放聲大笑起來。

畫紙上，一張烏黑的臉龐，兩窩深邃的眼眶，小小的頭顱，配上一對掃把似的粗眉。這臉譜，活像了阿山。

七家灣溪——國寶魚傳奇

大甲溪支流的七家灣溪，
發源自品田山，為台灣典型的高山河流，
早年有珍貴的高山魚類生存其中，
如香魚、櫻花鉤吻鮭等。
如今香魚早已絕跡，而倖存的櫻花鉤吻鮭
數量也已瀕臨絕種……。

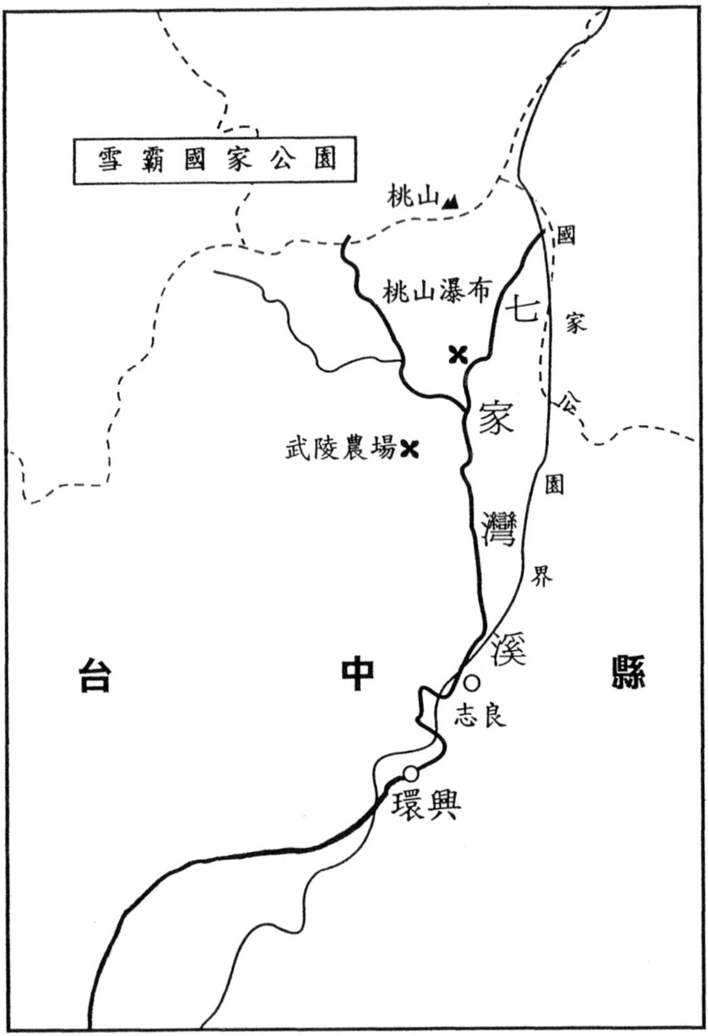
雪霸國家公園
桃山
桃山瀑布
七家灣溪
國家公園界
武陵農場
台中縣
志良
環興

清晨，空氣非常冷冽，薄薄的陽光才剛探出頭來，照在蜿蜒無盡的村路上。一條溪流從遠處傾瀉下來，穿過中年的武陵吊橋，然後朝南直奔而去；奔到目光的盡頭，突然轉了一個牛角大彎，溪流就隱沒在台灣紅榨槭樹的身後，只剩下淒豔的酒紅色樹影。

李敬背著相機，蹲在清澈見底的七家灣溪旁，遠遠看著一個老人家正彎著腰，在水壩下方尋覓著什麼。老人很專心，一直沒注意李敬已經看了他很久。李敬忍不住抓起相機，取好了角度，「喀擦」一聲，老人那專注天眞的表情，就跑進了李敬的鏡頭裡。

「啊，少年耶，不要照我啦。你看我，滿臉皺紋。」老人終於發現了李敬，站起身來，一邊搥著挺不直的腰桿，咧開嘴笑著說。

「阿伯，你在找什麼？」

•七家灣溪，大甲溪上源支流之一，全長十五點三公里，標高約一千七百八十公尺，終年水溫冰冷，屬高山溪流，於武陵農場附近注入大甲溪。

•櫻花鉤吻鮭的生態極爲特殊，牠們是全世界僅見的冰河期海魚，存活於高山的案例。擔任第二屆世界鮭鱒魚類研討會主席的利歐納•詹森指出，櫻花鉤吻鮭的學術地位，足以和世界第一名魚「腔棘魚」相提並論。根據民國八十三年估計，全世界僅存的櫻花鉤吻鮭不超過兩千尾，到了民國八十六年，則僅剩六百尾左右。

「來看魚啦。」老人家心情很好，一直笑容迎人。「少年耶，要照相，就來照這些魚才有價值啦。」

「阿伯，是什麼魚？」李敬邊說邊走近阿伯，這才看清楚他的臉；一張烏黑而深沈的輪廓上，掛著樂天知命的神態。

「就是，那個國寶魚——櫻花鉤吻鮭啦。」

櫻花鉤吻鮭？這可不得了，原來阿伯在這裡抓國寶魚。

「阿伯，櫻花鉤吻鮭不能抓啦，抓了要坐牢的。你快走，不然被警察看到就不好了。」李敬含著恐嚇的口氣說。

沒想到阿伯笑咧了嘴說：「啊，這個你也知道哦。」他似乎很高興，說：「要不要看國寶魚？看，游出來了。」阿伯指著水壩底的滹隙，輕聲的說。

李敬順著阿伯指引的方向，定睛的看了半天，果然，有五、六條約十五公分長的小魚，從壩底矯健的游了出來。李敬趕緊扶著相機準備要拍。

「等一下。」阿伯按住李敬的手說：「不要驚動牠們。」

「牠們怕人？會嚇跑牠們？」李敬問。

「你先注意看啦，牠們現在很忙，忙著增產報國啦！」阿伯笑嘻嘻的說。

「什麼增產報國？」其實李敬懂阿伯的意思，可是看不出有什麼特別啊。

「你看，牠們都出來了。」阿伯興奮的說。

果眞石縫裡又有一群魚游出來，至少四、五十尾。這一回李敬看得比較淸楚了，每一條魚背上都有好幾團深藍色的圓斑。

‧每年十、十一月份，是櫻花鉤吻鮭的繁殖期，這時期的雄魚爲爭逐母魚，會聚集打架，而嘴部會轉爲紅色，嘴唇往上鉤；又因爲此魚背部有九團深藍色如櫻花狀的圓點，因此以這特徵爲學名。

「眞漂亮。」李敬忍不住讚嘆著說。

魚群游到一處深水窪，開始快樂的嬉戲追逐著。天色薄弱的映著水光，李敬看得眼花撩亂，於是走更近一點看，啊，牠們不是在玩，是在打群架哩！

「牠們眞不合群，打起架來。」李敬看傻了眼。

「你眞外行，牠們是在搶親啦！」

原來如此。現在才入冬十一月，這七家灣溪的水溫已經冷得接近冰點，櫻花鉤吻鮭的生殖期卻選在這大冷天裡，眞是奇妙。

阿伯突然拍拍李敬的肩膀，示意他輕聲一點，然後蹲下來仔細看水中的動靜。有幾尾較肥壯的魚，正在水中打得火熱，有時把頭露出水面，李敬驚鴻一瞥中，看見有些櫻花鉤吻鮭的嘴巴呈鮮紅色，而且唇型微微往上鉤，另外一些則沒有這樣的特徵。李敬感到很好奇。

「阿伯，爲什麼有些魚的嘴是紅色的？」

「那是發春期的公魚啦。」阿伯說。

難怪那幾尾魚特別活躍。說也奇怪，這阿伯對魚還了解不少。「你怎麼知道？」李敬問。

「我在這裡生活了五、六十年，從小看到大，怎麼不知道？」阿伯接著說，他是住在大甲溪上源環山聚落的泰雅族，後來在林務局工作，從出生到現在，還沒有離開過大甲溪的上游地區。

「聽說櫻花鉤吻鮭數量越來越少，才會被列入保護魚類，成爲國寶魚。」李敬所知有限，卻說得很認真。

「啊，你以爲是因爲數量少，就能叫做國寶魚？」阿伯又笑起來，不過這回是邊笑邊搖頭。

「難道不是？」

「你知道牠們的身世，大概就不會這樣說了。牠們

•大甲溪流域西卡有社，在今台中縣和平鄉境內，屬泰雅族的斯卡謠群。一九一七年，在環山附近，最早發現櫻花鉤吻鮭的蹤影。在德基水庫尚未興建以前，大甲溪上游的七條支流，都還有櫻花鉤吻鮭，目前卻僅存七家灣溪的少數而已。

•一百萬年前的冰河時期，因為板塊運動，地殼隆起，台灣原本平緩的河川地形，變成陡急的山溪，有些河川與溪谷又被崩坍的沙石堵住，因此海中的鮭魚，游不回牠的溪流，溪流的鮭魚也卡在山溪中，無法回到大海的原居地。

數量越來越少，人類是凶手，可是，回不了大海的家……」阿伯頓一下口氣說：「是命運啦！」

「怎麼說？」

「就是那個……什麼地理變動啊，」阿伯辭不達意，一時說不清楚：「反正是很多萬年以前的事了。」

「你怎麼知道這麼多？」李敬開始懷疑阿伯說的話了，櫻花鉤吻鮭的家在大海？

「是這樣啦，最近幾年，常有一些專家在我們這裡進進出出，有時候會找我們問東問西的，聽久了，就知道啦。」

「你說的是板塊運動？」李敬說。

「對，對。」阿伯很高興的說。「剛開始我也聽不懂，後來有一個林處長常跟我們聊天，我喜歡問，後來總算聽懂了，原來，這鮭魚在淡水、海水中都可以活，

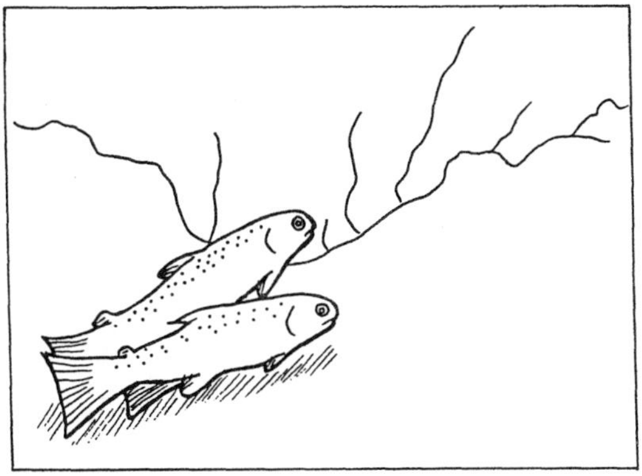

從山溪到大海，大海到山溪，牠們可以自由來去，可是自從地層變動以後，牠們就被困在這裡，再也不能回到大海去了。」

這眞是神奇的現象，原來國寶魚不僅因爲稀少，而是牠們與地質變化的互動關係，產生的歷史性意義。李敬不禁多看水中的鮭魚幾眼；牠們眞是珍貴啊！

「是不是這裡水溫太冷，牠們才快絕種了。」

李敬探手試一下水溫，手部馬上感覺一陣冰痲，這些魚怎麼禁得起這麼冰冷的水？

「不是這樣。鮭魚在七家灣溪還能活下來，就是這裡的水溫夠低，水質夠清淨。如果水溫超過攝氏十度，牠們就活不下去了。」

「那原因是什麼？你說是人爲因素？」

「是啊。在很久以前，我們的祖先，也會在河邊抓牠們來吃，那時候，大甲溪的上游，還有很多鮭魚……」阿伯發現李敬睜大眼睛，像是在瞪他，趕緊說：「可是我們取之有道啦，我們只吃大魚，抓到小魚就放生，讓牠們繼續繁殖下一代，所以魚量還是很多。可是後來，要蓋那個德基水庫，溪谷上就開始蓋攔水壩，一個接一個，因爲水壩才築一、兩年，就積滿了沙石，那河床就升高了，只好往上游再蓋一個……，就這樣沒完沒了。

　　我們的國寶魚就在水壩跟水壩之間游來游去，生活空間越來越小。以前牠們的祖先是旅行專家，現在，牠們頂多在三、五公里的距離以內生活，又因爲水壩的限制，每一條溪流的水量減少了，使水溫升高，而牠們又困在很小的水域裡面跟近親交配。還有，那山坡上開墾的大片菜園、果園，農人拚命灑農藥，你說，這樣牠們

•鮭魚的一生都在遊歷中成長，牠們在高地的山溪中出生以後，就長途跋涉游到大海，到了青春期，牠們又逆流而上，回到出生的山溪產卵、繁殖。

•日治時代，大甲溪沿岸的泰雅族人，常捕捉一種牠們稱爲「Meban」的小魚來吃，那魚就是櫻花鉤吻鮭。

・雪霸國家公園警察隊的二十餘名警員，他們的重要任務之一，就是在七家灣溪兩岸巡邏，隨時保護快絕種的國寶魚。

能不絕種嗎？」阿伯說。

李敬聽完，心情就沈重起來。人類真是大自然的劊子手啊！

「阿伯，你每天都來看魚？」李敬問。

「沒啦，我就住這附近，常經過這裡。」阿伯想了一下說：「你不要太靠近水邊，在這裡看就好，有些人不知道，跑來這裡烤肉，真的被警察抓走了。」

「現在國家這麼保護國寶魚，應該不會絕種了？」李敬真的希望這樣。

「現在，還有人偷偷的在這裡放魚網，想抓牠們。」阿伯臉上浮現怒氣說：「我有空就來巡一巡，那些人，就不要讓我抓到。」

李敬露出尊敬的眼神，看著阿伯。

「少年耶，你要拍國寶魚，帶這傻瓜，拍不到的啦。」阿伯說完，就爬上溪谷緩坡，走上村路，一邊回頭對李敬笑著說：「但是你運氣好，正好看到國寶魚在搶親娶老婆。」一邊向李敬揮手，然後頭也不回的走了。

李敬一直蹲著，目不轉睛的盯著水中的國寶魚。許久，許久，那一群魚終於像發現敵人似的，一溜煙鑽進石縫裡，再也不出來了。

美濃雙溪——黃蝶的天堂

美濃雙溪的黃蝶翠谷，
每年在黃蝶大發生期間，
有五千萬隻小黃蝶，
在山谷間飛舞，宛如滿山翻飛的落葉。
這些小黃蝶在幼蟲階段，
只吃一種東西，叫做鐵刀木，
是從前日本人種來做槍托用的。

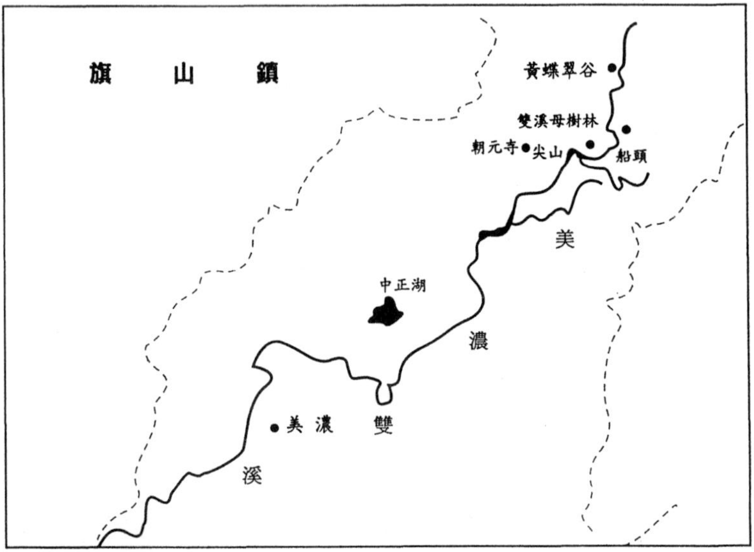
旗　山　鎮
黃蝶翠谷
雙溪母樹林
朝元寺
尖山
船頭
美
中正湖
濃
美濃
雙
溪

過了美濃街市以後，左轉民族路向北疾駛，道路兩旁的街屋，從開始的鱗比櫛次到零零落落，逐漸向山邊伸展的田野，一窪一窪的平鋪了一層翠綠的地毯。

阿仁不禁讚嘆起來：「哇，這裡種了這麼多蔬菜。」

土豆說：「應該是割菜吧！」

「那不是割菜，你們仔細看。」領隊的宋老師，吩咐司機把中型遊覽車放慢速度。

一個女同學問：「宋老師，這是什麼東西？怎麼沒看過？」

「范玉妹，先別急，你們先看看，這片田野間的民房和其他地方有什麼不一樣？」宋老師說。

「有什麼不一樣？」同學們開始向兩側車窗外眺望。阿仁似有發現的說：「我知道了，是屋頂。」

•菸樓是烤菸用的小房，土磚造，下置柴火，中間是烤菸架，上端煙囪處，以木柴或瓦片包覆收尾，外觀看起來如屋頂上的小閣樓。美濃平原產菸黃金時代，菸樓總數超過一千幢，爲美濃平原建築最特殊的地景。

「屋頂怎麼樣？」老師問。

「多了一個小閣樓，就像一些歐洲的別墅山莊一樣。」

「你說對了一半，」宋老師笑著說：「那是菸樓，剛才看到的不是蔬菜，而是香菸的原料菸草田。」

土豆恍然大悟的說：「對呀，我差點忘了，聽說美濃是台灣著名的菸鄉。」

「一點也沒錯，台灣的菸草，有四分之一的產量來自美濃。」宋老師問：「范玉妹，你是客家人，應該最清楚，爲什麼美濃有這麼多的菸草田？」

「因爲……因爲我們客家人最勤勞。」

「一點都沒錯，客家人是世界上最刻苦耐勞的民族，而種菸需要密集的勞力，福佬人說『厚工』。」老師轉問其他同學：「你們說，還有什麼原因？」男同學都面面相覷。

「好，大家注意看，」老師指著前面那一座尖尖的山說：「前面那座山，我們稱它爲尖山，因爲它的山形像斗笠一樣尖尖的，所以有人把它稱爲『笠山』。」

黃玉妹說：「果然像笠嘛（客語）一樣。」

「美濃的本地著名作家鍾理和，寫了一篇『笠山農場』，就是以這裡爲背景，不過，」宋老師語重心長的說：「最近有關單位準備在這裡蓋美濃水庫，水壩的位置就在笠山左邊一直延伸到那個山頭。這個水壩高有一百四十七公尺。」

土豆問：「老師，一百四十七公尺有多高？」

「假如我們以樓房來計算，一層樓大約三公尺高，一百四十七公尺將近是五十層樓的高度。」

土豆說：「哇，這麼高呀！」

• 美濃的山系以尖山爲基點，分爲兩個山系，左邊是月光山系，包括雙峰山、人頭山、金字面等。右邊是茶頂山系，包括狗寮山、竹頭山、月眉山等。

・南部地區的母樹林，除了雙溪之外，還有籐枝及扇平兩個森林遊樂區，都在高雄縣的六龜鄉境內。

阿仁說：「萬一垮下來怎麼辦？」

宋老師說：「對，問題就在這裡。美濃是一個盆地型的平原，左邊月光山雙峰下的美濃溪，河道很窄，萬一發生地震，水庫的洪水衝下來，整個美濃平原都會變成一個大湖。」

范玉妹說：「那怎麼辦呢？」

宋老師說：「所以啊，美濃人反對蓋水庫，他們還成立了反美濃水庫的一個組織，跑到立法院去陳情抗議。」說到這裡，小巴士已開到山腳下。宋老師繼續說：「左邊這個廟是朝元寺，過了朝元寺，就是今天戶外教學的第一站。」同學們都歡呼起來：「雙溪母樹林。」

巴士停妥之後，同學們依序下車，宋老師走在前面，大家尾隨進入樹林區。阿仁問：「老師，爲什麼叫它母樹林？」

「你們先觀察一下這裡的樹林，是否和台灣各地的樹木相同。」

十幾個同學沿著林間步道各處察看，這些樹木像人的腰那麼粗壯，比較裡面的甚至要兩人合抱，不少樹旁都有標示牌，標示這些樹的科目和產地來源。不過，大部分都是他們沒有聽過的名字。

土豆第一個跑回來，搶著說：「老師，這些樹都不是台灣的，很多是從菲律賓、印尼、波羅洲移植過來的。」

「好，大家過來。」宋老師招呼同學們回來，大家圍繞著宋老師問東問西。

「大家一定注意到了這些樹不是台灣的原生樹，都是外來種，它們是日治時代，日本爲了執行南進政策，先從中南半部及南洋群島，選擇各地的代表樹種，移植來台灣試種，以供將來作爲長期性的研究之用。」

土豆還是老問題：「那——爲什麼叫母樹林呢？」

「因爲，當初只是把它們移來試種，如果合於台灣的風土氣候，才分種到台灣各地去；雙溪這個地方，就像這些樹木生長的母體一樣。」

「哦！原來是這樣。」幾個同學同聲說。

「好了，這個時候正是黃蝶幼蟲出來覓食的時刻，我們先向雙溪的上游走，去看黃蝶翠谷，回來再詳細觀察母樹林。」

沿著雙溪的河谷一路走來，河川右岸這邊種了許多果樹，特別是鳳梨與芒果樹，密密麻麻的蓋滿了溪谷的草埔。

宋老師嘆了一口氣，帶著幾分悲奮說：「你們看看，這片溪谷種了這麼多高大的芒果樹，你們相信它們種不到一年嗎？」

「哇，不到一年長這麼大，一定是吃歐羅肥。」阿仁才說完，同學們就笑成一堆說：「跟你一樣啦！」

「其實，這些芒果樹是植物中的遊牧民族。」老師苦笑著說：「這些樹原來是種在恆春半島的牡丹水庫，水庫蓋好之後才移植過來，更早以前，它們原來是種在南化水庫。」

土豆等不及的問：「爲什麼要這樣移來移去？」

「發水庫財呀！」老師指著眼前那區每隔不到五十公分，已經有小手臂粗，看起來仍營養不良的芒果樹說：「因爲要蓋水庫，政府徵收農地，要按地上農作物補償辦法，來補貼農民損失，於是，一些專發水庫財的商人，便勾結地方民意代表及地主，把這些逐水庫而居的

•牡丹水庫在屏東縣牡丹鄉的四重溪上游，主要供應恆春、車城地區用水及核三廠用水。南化水庫在台南縣南化鄉的後崛溪上游，除了台南地區的灌溉用水之外，也以地下涵管，輸送到楠仔仙溪流域，供應大高雄地區用水。

果樹，從一座水庫搬到另一座水庫，向政府領取高額補償費。」

「這些奸商，眞是可惡！」同學們忿忿不平的罵起來。

老師說：「其實，我們的農民也要檢討，只可惜，現在的農民跟以前不一樣了，他們和土地及河川的感情愈來愈淡薄了。」

宋老師帶著他們往上游走。突然范玉妹在一叢小野花前驚叫起來：「小黃蝶耶。」

大家走過去爭著看。「不錯，牠們就是黃蝶翠谷的主人翁，銀紋淡黃蝶。只是這隻是早產兒，黃蝶的大發生期還沒到呢？」

范玉妹問：「老師，什麼是大發生期？」

「哦，是這樣的，這裡的黃蝶每年有兩次大發生期，一個是五、六月間，一個是十月。所謂大發生期，就是指黃蝶的繁殖旺季到了大發生期，滿坑滿谷都是黃蝶，據估計，至少有五千萬隻呢！」老師說。

「五千萬隻？」大家都驚叫起來。

「所以，黃蝶翠谷是全世界少見的生態奇觀。」宋老師領著他們走過「船頭」，在一條小路叉口，一棵長著繁茂小綠葉的樹前停下來說：「這棵樹叫作鐵刀木，這條溪再往上走，沿著兩岸都種這種樹木，鐵刀木就是黃蝶的食草。」

阿仁問：「什麼叫食草？」

土豆拍了一下他的頭說：「笨啊，就是我們吃的飯一樣。」

宋老師被他逗笑了，說：「黃蝶的一生有四個態期，就是卵、幼蟲、蛹、成蟲四種。成蟲就是黃蝶，這

•船頭是雙溪黃蝶翠谷第一站小地名，在橋的前方，因河對岸爲一巨石，形如船首而得名。

•黃蝶一生的週期是雌蝶產卵在鐵刀木葉片上，幼蟲棲息於樹幹上，食葉片長大後，在小枝幹或草木植物背面化蛹，羽化之後的成蝶在山谷中活動，幾天後雌雄交配，又產卵在鐵刀木葉片上。

個季節，正是黃蝶幼蟲的生長期，我們來找找看！」

宋老師扳下來一根樹枝，在密密麻麻的小綠葉之間翻找，「哦，有了，這一條綠色的蟲就是。」同學們圍著看，那是一隻比筷子還細一點的昆蟲，全身呈翠綠色，正在忘情的猛啃鐵刀木的葉子。

范玉妹高興的說：「好可愛喔！」

老師說：「這條幼蟲再過三、四天，就要作繭把自己包起來，然後就慢慢的蛻化成蛹。」

土豆問：「老師，這裡爲什麼這麼多鐵刀木？」

「哦，這一點非常有趣，鐵刀木是從前日本人要種來做槍托，應付對外侵略與戰爭，沒想到，哈——」老師高興的大聲說：「這叫做無心插柳柳成蔭，我們現在就坐收漁利，每年都可以看到五千萬隻黃蝶飛舞的奇觀，這不是太美妙了嗎？」

淡水河——台北盆地的母親

淡水河是北台灣第一大河，是台北盆地的文化母河，這條河是台灣溪流極少數以「河」字命名的大河之一，曾經是台北盆地的交通大動脈，載著茶、樟腦油、煤炭的船隻穿梭往來。而更久之前，台北市是一個大湖，只有圓山、芝山岩幾個小山頭露出水面……。

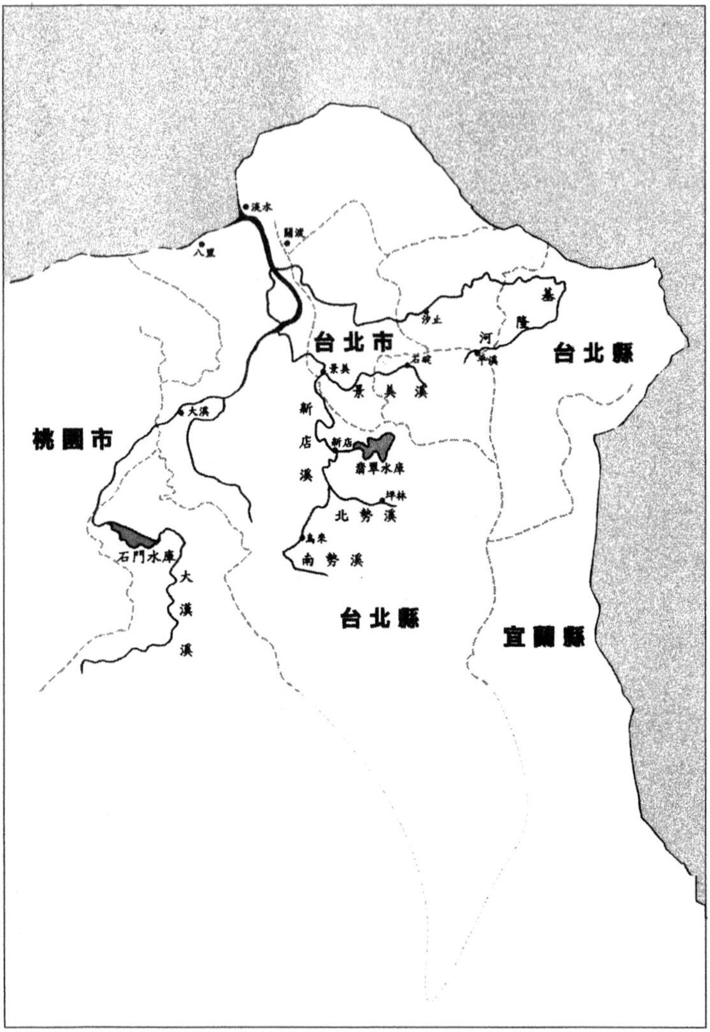
淡水
關渡
八里
汐止
基隆河
台北市
台北縣
景美
石碇
平溪
景美溪
新店溪
新店
翡翠水庫
坪林
北勢溪
烏來
南勢溪
桃園市
大溪
石門水庫
大漢溪
台北縣
宜蘭縣

台灣的河川，只有台北的淡水河與高雄的愛河以「河」爲名，其他都以「溪」命名，爲什麼?有人說，其中之一的原因是，台灣的河川中，只有淡水河有「航運之利」，所以才取名爲「河」。

另外，淡水河的支流基隆河，也以「河」爲名，其他兩條支流新店溪及大漢溪，都以「溪」爲名，基隆河在清朝及日治時代，因爲上游的九份產金、平溪產煤、可以輸運金砂與煤礦，有航運之利；然而同一時期，新店溪運送著茶和煤，大漢溪則運送大溪、三峽山區的樟腦油，一樣有航運的功能，可是它們卻不叫做「新店河」與「大漢河」。

淡水河有多長

如果你站在七星山上，仔細觀察台北盆地，你會發

- 江子翠位於板橋市江翠里，爲大漢溪注入淡水河的交會處，舊地名叫做「港仔嘴」。大正九年因地名不雅，改爲江子翠。
- 品田山，位於新竹、苗栗、宜蘭三縣的交界上，海拔三千五百三十六公尺，淡水河最長的源流在新竹縣尖石鄉的泰岡溪。品田山北面的大霸尖山，是台灣的五岳三尖之一，山下的白石溪，也是淡水河源流之一。

現，其實，淡水河不只是「一條河」而已。從這個基點，依順時針方向瀏覽一圈，依序有橫溪、內外雙溪、基隆河、景美溪、新店溪、安坑溪、三峽溪、大漢溪、塭子川等大大小小溪流，像雷射狀一樣匯聚於盆地中央。那麼從淡水河口到江子翠這一段的主流，就像是那些溪流的共同母親一樣，當然，淡水河也便成爲了台北盆地之母。

淡水河發源於品田山，全長一百五十九公里，流域面積廣達二千七百多平方公里，是台灣第三大河川。淡水河流域橫跨台北市、基隆市，以及桃園、新竹兩縣的東側山區，流域內有六百多萬人口，這條河川的下游，貫穿台北盆地的精華區——大台北都會區，包括基隆河流域的汐止、南港、松山、士林，新店溪流域的新店、景美、永和，大漢溪流域的三峽、板橋、新莊，以及淡水河本流的艋舺、大稻埕、關渡、淡水、八里等市鎮，這些河岸城鎮的誕生，都和淡水河有密切的關係，所以我們說，淡水河是台北盆地的文化母河。

淡水河的誕生

淡水河今年幾歲？

這是一個很難回答卻非常有趣的問題。

依據地質學家的研究，如果我們從古新店溪的年齡推算，淡水河有四百萬歲。如果從淡水河系的形成，則是三萬歲。

大約在四百萬年前，蓬萊造山運動發生的時候，「古新店溪」與「古石門溪」兩條老年溪，分別由泰山及石門水庫附近出海，後來基隆河也慢慢誕生了，在瑞芳北方的瑞濱出海。當時，泰山及石門水庫以外的附近

• 台灣地區的地質活動總共經過四個階段，蓬萊造山運動便是其中的第四個階段，大約發生在一千萬年前至數百萬年前。主要原因是海洋島弧與大陸板塊碰撞引起的。經過蓬萊造山運動，台灣島群主要的地質環境才真正的確立起來。

地區，還是一片汪洋大海，後來，因爲河川泥沙慢慢淤積，在出海口附近形成三角洲。到了六萬年前，台灣又發生地質運動，使台北盆地下陷變成盆地，而石門溪口與新店溪口的三角洲隆高起來，於是誕生了桃園台地和林口台地。

到了三萬年前，發生了「河川襲奪」現象，大漢溪因爲桃園台地隆起，而轉個大彎流向東北，而基隆河也發生向源侵蝕作用，河水被新店溪吃掉了，於是，原本三條各自出海的古河，匯成同一水系，形成了今日淡水河系的主體，這就是淡水河誕生的故事。

滄海轉瞬成桑田

中國民間神話傳說裡，有一段「麻姑獻壽」的故事。仙女麻姑，大概年齡不到二十歲，可是麻姑卻說，

・河川襲奪即河川在源流地區的向源侵蝕作用，使兩條水系的分山嶺逐漸崩塌，使低水位的河川，截奪了另一條高水位河川，讓它變成斷頭河。現在的林口溪、南坎溪和社子溪，都是因爲古石門溪水被古新店溪襲奪，而成了斷頭河。

在她的一生中，已經看到了東海六次「滄海變成桑田」了。

台灣海峽在史前時代，也有多次滄海桑田的紀錄。地質學家推究，台灣海峽的形成大約在一萬年前。

西元一六九七年，福建人郁永河從台灣府城北上淡水採硫時，他看到干豆門以南地區，是一片大湖，那個大湖的位置，就是今天的關渡平原。你不要懷疑，這只不過是三百年前的事。如果我們把時間提前到一萬年前，整個台北盆地，全是一個鹹水湖，只有圓山、芝山岩幾個小山頭浮出湖面，形成小島。

現在，圓山動物園舊址的後山，有一片貝塚，列爲北部地區著名的史前文化遺址。圓山貝塚出土後，日本考古學家也在松山、內湖的地下，發現貝類化石，證明了台北盆地原來是個鹹水湖的史實。當時住在圓山上的

•台北縣關渡的舊地名是干豆門。關渡是淡水河下游出海口最狹窄的河域，現在建有關渡大橋。

•圓山貝塚在台北圓山地區，是圓山文化重要的文化遺留。貝塚是古代人吃貝類食物時拋棄貝殼，經過幾百或幾千年堆積而成。圓山貝塚中出土的除了貝殼外，還有許多石器、陶器、骨器等，從器物來分析，圓山貝塚大約是新石器時代晚期的文化。

古人，是一支漁獵民族，他們生活的方式，是在台北湖捕魚，並在圓山下方的沙灘上，揀食貝類海生物，所以才留下貝塚。

當年的圓山文化人絕對沒有想到，幾千年後，他們的住家，居然有一大批猴子、猩猩以及獅子、老虎、大象、斑馬等，而這些動物不是讓人射殺來吃的，只是給小朋友看的（原來台北動物園設在圓山）。也許這也還不夠稀奇，眞正叫他們吃驚的是海魚也抓不到了——因爲湖不見了。

一萬年前，因爲大屯山群的火山爆發，高熱的岩漿流到了關渡附近，凝成了火成岩，把淡水河的出海口堵死了，而造成了「台北湖」的時代。到了五千多年前，台灣海峽海面下降，湖水從關渡決岸出海，湖水慢慢流出去，變成了台北盆地，這就是台北盆地滄海桑田的故事。

台北盆地的主人

誰是台北盆地的原主人？我們先從十三行文化說起。

台北縣八里海邊，有一個很大的汙水處理廠。民國八十年，當省住宅及都市計畫局正在施工時，挖到了古文化遺址，這個遺址就是著名的十三行文化。

中央研究院考古學家臧振華、劉益昌將十三行遺址出土的文物，經過碳十四測定，推測上溯時間是距今一千八百到八百年前，大約是中國紀元的隋唐時代，一直到宋朝末年。

那個年代，我們的祖先還沒有到台灣。

那個年代，台北盆地的主人是平埔族人中的凱達格

•碳十四定年法是利用物體中碳十四含量來測定它的年代，是目前考古學最常使用的方法。例如植物會經過光合作用吸收二氧化碳，所以它體內會有一定分量的放射性碳，可是植物死後，不能再進行光合作用，身體內的碳就會隨著時間逐漸減少。所以利用碳十四含量，我們就能推測物體的年代。

•十三行是老地名，據村中老人說，從前這裡是商港，共有十三家商行，所以叫做十三行。

•一九五六年，空軍在淡水一帶做低空飛行，行經八里，發現指北針有異動現象，當時猜測在地面上蘊藏鐵礦。一九五七年，林朝棨教授到八里沿海調查地質，意外發現史前陶片、石器數件，遂以地處「十三行」爲名，稱爲「十三行遺址」。

蘭族。

考古學家根據出土文物，推斷住在十三行的凱達格蘭人的居住環境、生活方式，發現了幾件有趣的事。首先在兩百多具墓葬中，發現陪葬品除了金飾、瑪瑙珠、玻璃耳環之外，還有開元通寶，也就是漢人使用的錢幣，證明他們已和漢人有交易行爲。可是凱達格蘭族人沒有經商，他們要錢做什麼？

答案其實很簡單，因爲錢幣上有小孔。那孔是做什麼用的？原來是把錢穿過小孔，把錢幣串起來，可以掛在胸前當裝飾品。

另外，出土文物中還有碳化的稻米，加上文蛤等貝類及獸骨，證明凱達格蘭人除了漁獵爲生之外，已經進化到初級的農耕生活。因爲他們已經學會種稻了。

然而最有趣的，還是銹得很嚴重的鐵器，以及「煉鐵作坊」的出土，這是台灣島第一次發現史前時代的煉鐵遺跡，這說明一千多年前，凱達格蘭族已經進入了鐵器時代。

台北盆地的新主人

現在，台北盆地已經找不到凱達格蘭族了，他們都到哪裡去了？

這是一個很複雜的問題。根據清朝方誌的記載，當時的台北地區有「淡北二十三社」，包括八里坌社（今八里）一帶、毛少翁社（今士林）一帶、武勝灣社（今新莊）一帶、秀朗社（今中和）一帶等，這些平埔番社，主要散布在淡水河主流及基隆河、新店溪、大漢溪的下游地區。所以現在景美跨過新店溪往中和的橋，叫做秀朗橋，而總統府前的介壽路，幾年前改名爲「凱達

• 十三行遺址挖出的文物，原是凱達格蘭族祖先早年煉鐵的工作區，這是台灣古文化遺址中唯一的發現。

• 凱達格蘭族，Ketagalan，是平埔族之一，分布於淡水河流域、基隆金山海濱及東北角的貢寮鄉一帶。如果細分，還可分爲基隆河流域及以北地區的巴賽人，新店溪流域的凱達格蘭，以及龜山、大園、八德一帶的南崁四社。

格蘭大道」。

淡水河流域凱達格蘭人的消失，和我們漢人移民台灣，有很深的關係。

漢人從海峽對岸移居台灣，始於何時，歷史沒有記載，不過三百年前，郁永河到淡水時，淡水地區已經有漢人了，而台北盆地第一個市街——新莊街（八里坌街），早在乾隆五十年代（西元一七八五年～一七九五年）十八世紀末，因爲有淡水河航運，發展成爲北部地區最繁榮的河港，而更早之前的西班牙人，曾經占領淡水地區二十一年，後來鄭成功的部將，也在淡水設防過，到了郁永河來採硫的十幾年前，八里、關渡、北投一帶，已有少數漢人入墾，他們可能是淡水河流域的第一批漢人。

一九〇五年之後，統治台灣的日本總督府舉辦全台

•依據郁永河《稗海紀遊》記載，淡北二十二社包括：八里坌、麻少翁、內北投、外北投、雞洲山、大洞山、小雞籠、金包里、南港、瓦列、擺折、里末、武溜灣、雷里、若釐、秀朗、巴泡泵、奇武卒、答答攸、里族、房仔嶼、麻里折口。

灣人口調查，就拿台北市來說，以福建省的泉州人爲主體，至於在盆地中心區的外圍，例如南港、平溪、雙溪、深坑、石碇、木柵、景美一帶，則以漳州人爲主體。客家人很少，人口比率大概只占百分之十左右，不過到了清朝末年，客家人也慢慢消失在台北盆地，而移往他處。

族群的紛爭與互動

淡水河流域的開發史，大約是三百年。三百年間，族群的紛爭與互動，造成了族群文化的消長與淪亡。我們先從平埔族人說起——

基隆河以穿鑿曲流地形聞名，在這段彎彎曲曲的河道兩側，有搭搭攸社、南港社、錫口社、蜂峙社族人居住，現在汐止、南港兩鎭，自南而北有五堵、六堵、七

• 台北盆地的客家人，以潮州及汀州籍爲主體，他們在淡水登陸，所以淡水在清朝時候就有「汀州會館」（即勤山寺）的設立，也有部分漳州籍的詔安客，他們居住在台北市區的三張犁、五分埔、中崙一帶，而台北縣則以三芝、石門兩鄉爲主，此外新莊、三峽、樹林、新店某些地區，也有客家人分布。

•依一九二六年日本對漢人祖籍的調查，淡水河下游兩岸地區以同安人爲主，基隆河與新店溪間以安溪人爲多，大漢溪與新店溪間以及北海岸以漳州人爲多。

•叭蓮坑又稱瑪陵坑，在今基隆市七堵區的瑪東、瑪西、瑪南各里，村社多位在基隆河支流友蚋溪的溪谷台地上。

堵、八堵的地名，這個「堵」字，最能說明平埔族人消失的背景。原來漢人開發基隆河流域，是由南向北推動，當時基隆沿岸的凱達格蘭人，因爲漢人勢力強勢入侵，而節節向北敗退。漢人就堆土堤設法防「堵」，才有了六堵以至八堵地名的產生。最後導致基隆河兩岸的族人退入叭蓮坑一帶山區，留在原處的則被漢人同化了。

新店溪流域，漢人和泰雅族的關係，也是這樣。原來青潭、屈尺一線是屈尺番的地盤，因爲漢人開發溯河而上，導致屈尺一帶的泰雅族，逐漸退入烏來地區。而新店溪支流安坑溪一線，也是這樣。現在安康路上有頂城、下城、二城、三城、四城、五城的老地名，這個「城」字的意義，完全和「堵」一樣，只是對象變成泰雅族人。

漢系移民內部，也因地域和族群不同而紛爭不已。一八五一年，有八芝蘭林莊之漳泉械鬥。規模較大的是艋舺的泉州人，發生頂下郊拚，其中，以咸豐三年（西元一八五三年）艋舺地區同屬泉州的三邑人與同安人，因商業競爭演變成「頂下郊拚」，最爲激烈。結果同安人打敗，移居奎母卒庄建街並蓋霞海城隍廟，於是促成大稻埕的商業發展。此外，原居於三芝一帶的汀州客家人，因爲地處客家方言島，而慢慢同化爲福佬人，像音樂家江文也及總統李登輝家族，都是福佬客的後裔。而新莊地區的客家人，也因爲發生北部地區的閩客械鬥，大部分移居桃園、新竹台地，離開了淡水河域的家園。

光復後新移民

西元一九四五年終戰之後，台灣重回祖國懷抱，陳

•「艋舺」原是平埔族音，意思是「獨木舟」。據說從前泰雅族人在萬華的對岸地區，隔著淡水河，指著河岸邊的獨木舟，大叫「Banka Banka」，後來對岸的漢人居民，就把當地叫做艋舺。日久之後乃成爲地名，日治時期將之改爲「萬華」。

儀在台北設立長官公署統治台灣，四年後大陸赤化，國民政府敗退來台，帶來了一百多萬的軍民，這些操各種南腔北調的外省人，一下子使台北城多了數十萬人口，加上六〇年代之後經濟起飛，鄉村人口大量湧向都市，促成了台北市成爲百萬人口的大都會，也帶動了衛星城市如板橋、三重、新店等市鎮的繁榮，並使台北大都會區成爲擁有五百萬人口，全台灣政治與工商業勃興的首善之區。

令人傷心的是，台北人愈來愈多，台北市街也愈來愈熱鬧，但是淡水河卻愈來愈髒了。老一代的台北人，還是相當懷念四十年前，在淡水河游泳、抓魚的美麗記憶。

濁水溪——台灣第一大河

你見過西螺大橋嗎？那朱紅色美妙的橋身，就架設在台灣第一大河——濁水溪的上方。從山上沖下來肥沃的土壤，使濁水溪下游成為台灣的米倉，而在清朝民變蜂起的年代，溪水清濁，還成為農民觀察的指標，如果溪水清了，表示百姓可以舉起義旗，一起反抗官方的統治。

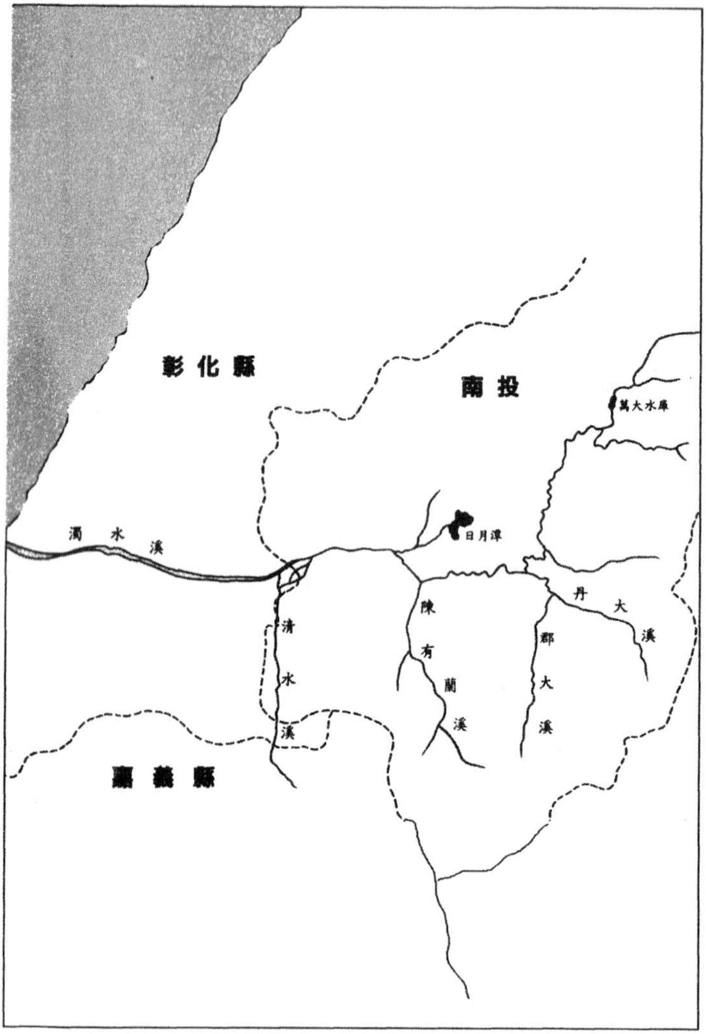
彰化縣
南投
萬大水庫
日月潭
濁水溪
清水溪
陳有蘭溪
郡大溪
丹大溪
嘉義縣

如果你從台一線省道南下，進入以布袋戲及武館聞名的西螺鎮之前，一定會看到那座朱紅色的美麗大鐵橋——西螺大橋，這座從日治時代就開始建造的遠東第一長橋，就跨越在惡水滔滔的濁水溪上。

濁水溪，這條台灣第一大河，全長一百六十七公里，它的主要支流陳有蘭溪，源頭在遠東第一高峰的玉山北坡的塔塔加鞍部及八通關一帶。這一大片濁水溪源的集水區，是冷杉、雲杉、玉山扁柏等原始針葉林的天堂，矮叢則以玉山箭竹及高山杜鵑爲主，均在玉山國家公園保護區內。

濁水溪流域面積廣達四千三百二十四平方公里，涵蓋南投、雲林、彰化三個縣。這條溪上游的主要支流除了清水溪之外，都在南投縣的山區，包括陳有蘭溪、沙里仙溪、郡大溪、巒大溪、丹大溪、卡社溪，以及最北側的萬大溪。此外還包括日月潭、霧社水庫、萬大水庫等三個水庫。

西螺米的故鄉

台灣以農立國，自古以來，稻米就是台灣人的主糧，濁水溪下游沖積扇，是台灣稻米主產地，北岸地區在清代有鄉賢施世榜築「八堡圳」化千頃草野爲良田，然而本地區的稻米生產，仍以南岸的西螺地區遠近馳名。

提起西螺米，幾乎是無人不知，無人不曉，而濁水溪的下游平原，就是孕育西螺米的故鄉。以向清朝皇帝上貢聞名的西螺米，現在在台灣糧市上的價格也一直居高不下，而西螺米好吃的原因，主要是濁水溪源遠流長，從上游的原始山區沖刷而下，帶來了肥沃的膏壤，

•施世榜，鳳山縣人，康熙三十六年貢生。一生義行頗多，最著名的是出資引濁水溪水，開築水圳，灌溉彰化地區良田千頃，稱爲施厝圳，又灌溉區域涵蓋當時彰化縣內十三堡中之八堡，故又稱八堡圳。

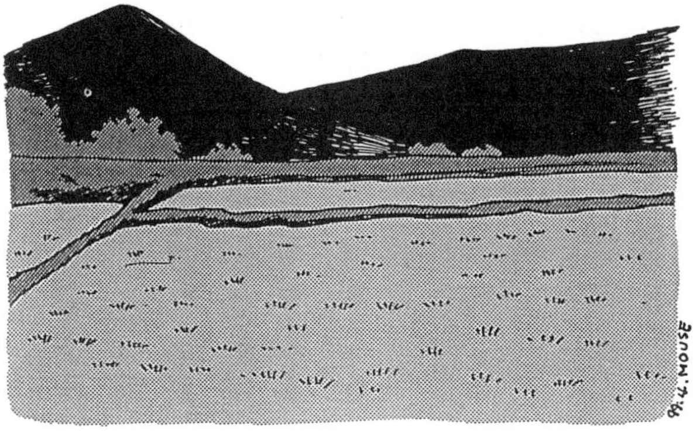

加上中部地區氣候適中，年雨量比較平均，所以培育的西螺米粒比較大而結實，煮起來QQQ，是都會家庭主婦的最愛。

西螺米主產地西螺鎮，是嘉南大平原最北端的重鎮，除了以西螺米聞名全台之外，依靠濁水溪水醞釀的丸莊醬油，也是遠近馳名，此外西螺糲糬也是當地的著名特產。

除了特產之外，西螺鎮從前也以武館多而聞名，著名的西螺七坎——阿善師的故事，後來搬演到電視螢光幕上，成了「西螺七劍」，這部家喻戶曉的連續劇，在七〇年代轟動了全台灣，創造了收視率高峰。

阿善師，本名劉明善，原籍汀州詔安縣，和西螺、二崙地區的居民，是同籍的客家人。在阿善師的年代，嘉南平原地區民間並不太平，地方到處土匪橫行，民間械鬥之風盛行，加上平原海線地區，一向民風強悍，居民在務農之餘，習武之風很盛。據說，當年阿善師就在西螺地區開了一間武館，由於武術高強，而成了西螺、二崙兩鄉鎮民間武力的總教頭。

清代的台灣是個典型的移墾社會，一批一批的閩粵移民，渡過台灣海峽，來到台灣開荒落戶，這樣的移墾社會，有不少尚未成家的羅漢腳，他們泰半「孤身無賴，好勇輕生」，如果一遇到荒年，或是經濟不景氣，就聚衆而起，實則與盜賊、土匪滋生事端一樣，所以台灣在清朝統治兩百多年期間，素有「三年一小反，五年一大亂」之稱。

濁水淘淘的濁水溪

濁水溪下游，是彰化、雲林兩縣的界河，這段河道

•械鬥，指台灣民間武力的火併對決，當時台灣移民因爲地域、血緣、語言之不同，因而發展出「閩粵械鬥」、「漳泉械鬥」、「頂下郊併」、「西皮福祿併」、「異姓械鬥」等各種不同型式械鬥，統稱爲分類械鬥。

•羅漢腳是指沒有結婚成家的男丁，當時台灣多羅漢腳的主要原因，是清初海禁期間，嚴禁移民攜眷渡台。

自林內鄉觸口出山之後，河道呈分歧狀態，平時河床上是卵石纍纍，溪水往往在河床下造成伏流水，一遇到夏秋之際的颱風季節，則大水漫天而來，沖毀兩岸的土地與家園。除了水患多之外，濁水溪也以色「濁」而得名，原因是溪的上源山區，大多是鬆脆的「鐵板沙」，隨著溪水沖流而下，所以濁水溪的水總是呈灰黑色，因而有「濁水溪」之名，也因爲這樣，有人把它稱爲「台灣的尼羅河」。

　　幸好，濁水溪兩岸，住著一群勤奮刻苦的農民，他們除了每年要與乾旱、洪水等天災抗爭之外，還有人禍——那些每幾年就會發生的民變，常常就發生在濁水溪兩岸的平原上。每次民變發生，兩岸居民都頭痛不已，以現在的政治術語來說，他們必須「選邊站」，也就是說，要在清朝官方與土匪亂黨之間做一個抉擇，如果選

- **三年一小反，五年一大亂，是形容清代台灣民變、械鬥頻繁，嚴重影響社會治安與民衆生活。**
- **鐵板沙是一種粘板岩地質。**
- **尼羅河是非洲第一大河，於北非埃及出海，下游的沖積平原是非洲主要米倉，以水色混黑著名。**

錯了便有毀村滅族的危險。

由於天然環境如此，所以濁水溪岸的農民，代代相傳一個智慧的經驗——今年太平與否，民衆應該如何行事？只要觀察濁水溪的顏色就知道。溪水仍是濁色，則表示清朝天年仍存，不可以依附匪類，如果溪水轉清，則表示台灣將要變天，台灣人要出頭天了，農民可以加入反抗軍行動。

據說同治元年，戴潮春要在四張犁起兵抗官之前，濁水溪岸的農民，便看到濁水溪轉清三天，心中便有所抉擇，等到十餘日後，戴軍攻克彰化城，各地居民紛紛豎起紅旗響應。等到同治二年冬，戴潮春被捕殺之前，濁水溪呈極度混濁，居民趕緊拆下紅旗，豎起白旗，變成助官兵平亂的義軍，後來還得到清廷官方的褒獎賞賜。

•選邊站的哲學：清代因政治控制力不足，民衆多以自力救濟方式以保有身家財產，或附賊，或附官，總以形勢發展爲度。起事者非以「反清」爲職志，附官亦多非「擁清」出發，但求亂事迅速平定，恢復正常生活秩序。

•四張犁，清代台中市東北方的重鎭，爲戴潮春出生地，現在是台中市北屯區的仁美、四民、仁和等里。

雲林城與小半天

濁水溪在觸口以東的中游，位處竹山丘陵的山區內。過了彰雲大橋南邊有清水溪來會。兩溪交口的竹山鎮，自古是大平原北側入山重鎮，從前舊地名叫做林圯埔，是明鄭時代屯兵之地，參軍林圯率百餘名屯兵於此，後來遭水沙連番人殺害。後人爲了紀念林圯將軍拓荒之功，把此地稱爲「林圯埔」。

竹山鎮還有一個小故事，往鎮東山區，峰峰相連，山林終日隱於雲霧之中，故稱雲林坪，而光緒之前的雲林縣治就設在這裡，那時竹山是前山第一城，名叫「雲林城」。

爲什麼當年雲林縣治會設在這裡？原來清治中葉之前，南投縣廣大山區統稱爲水沙連。到了光緒十二年設

•林圯是福建同安人，鄭成功部將，歷戰有功升任參軍，陳永華實行屯田之制時，林圯率兵到斗六開墾，拓荒地甚至遠到竹山鎮一帶。

立雲林縣時，官方爲了兼管水沙連山區，縣治被選在雲林坪，並在城外種植竹圍三重，名曰「雲林城」。到了光緒十九年，因爲濁水、清水溪會流口，常在夏季發生水災，才把雲林縣治移到斗六，所以竹山鎭曾經做了七年的雲林縣治所在地。

竹山到流籠坪一線以東山區，全屬鳳凰山脈，重重山嶺向東延伸到濁水溪另一支流東埔蚋溪，這片山區相當險峻，有一個很特別的地名叫做小半天。這裡就是當年林爽文兵敗之後，從集集鎭南逃到這裡，建造山寨做抗清的最後基地。

當年清軍統帥福康安將軍，爲了徹底剿滅林爽文的抗清勢力，在小半天附近設立天羅地網，圍捕林爽文，最後才進兵小半天，活捉林爽文。

濁水溪在水里以東，進入上游地區。水里鄉位居南

•小半天位在鹿谷鄉西側，是指一大地理區，包括雙溪底、崎頭、中湖、內湖、南坪後等聚落群的統稱。如果我們從竹山入山，經雙溪底、半天寮到崎頭，南邊有一千五百一十八公尺高的樟空倫山，因爲這座山聳立於群山之中，突出雲表之上，所以稱爲小半天。《彰化縣志·雜識篇》記載：「賊踞小半天山頂，內作石牆，外列木柵，斷樹塞路，爲死守記」，可見當年的險要。

投縣中央，在這裡，濁水溪分成三源，北方是水里溪，南方爲陳有蘭溪，中間是濁水溪本流，又稱丹大溪。

北源的水里溪最短，發源自台灣中部第一勝景日月潭。日月潭舊名爲水裡潭或雙潭，從前在日治時代築壩蓄水做發電廠之前，光華島整個浮出水面，叫做珠子嶼，島的北方叫做日潭，島的南方叫做月潭，故稱爲雙潭。而水裡潭的地名，則源自昔日光華島上的化番——水社。

水沙連的悲歌

水社，在日治時代因建壩蓄水，原住民邵族被強迫移民到德化社，目前只剩下兩、三百人，成爲日月潭觀光區的山地文化中心，而兩百多年前的水社番，也曾經發生幾乎叫全族亡族的故事。

•水社是清代水沙連番六社之一，在今魚池鄉水社村，位置大概在今日月潭的西北岸，從涵碧樓到對岸的湖水中。因邵族人在潭邊建社，漢人稱之爲水裡社或水社。

•集集埔是南投縣集集鎮的舊地名。

•林爽文事件之時，毛天福結交水沙連隘首黃林旺。黃林旺是一個有野心的漢人通事，很早就垂涎埔里地區的肥沃土地，於是他勾結郭百年、陳大用謀墾，並得台灣府門丁（官差）黃里仁協助，冒充通事土目，聲稱願以水社、埔里社土地予漢人開墾。一八一五年，彰化縣予以開墾照單，郭等人遂擁衆入山，侵墾埔里盆地，看

（接下頁）

這段歷史要從乾隆五十三年的林爽文事件說起。

林爽文事件之後，福康安奉命率大軍渡海來台平亂。林爽文的反抗軍原來就是一批烏合之衆，不是清朝正規軍的對手，一路從斗六、大里，敗逃到集集埔，在濁水溪埔上疊砌土牆作防禦陣地。當時清軍追來到此，在濁水溪南岸設寨，兩軍隔溪對峙，這水沙連化番在頭目毛天福率領下，協助福康安渡溪攻打反抗軍，並率族人進入山區，搜捕兵敗退入山區的餘黨，捕獲了林爽文的父母、弟弟及妻子，獻給福康安。等到林爽文事件平息之後，毛天福因戰功受朝廷封賞，賜屯兵九十名並配屯餉，在水里、埔里二社屯田一百多甲，沒想到因此而肇下水沙連番亡族之禍。

我們知道，埔里及魚池兩個盆地，俗稱內內山，意思是位在內山之中很遠的地方。在乾隆末葉，因爲交通

（接上頁）

到荒埔就插上黃旗，據爲己有，水沙連的邵族人不甘損失，雙方形成對峙，後來郭百年耍詐，佯裝說要談和，卻乘夜殺入邵族部落，幾乎把族人殺光，史稱「郭百年事件」。

險阻，這裡還沒有漢人入墾。但因爲這些山間盆地，還有許多草埔尚未闢成耕地，因而引起漢人的覬覦。到了嘉慶二十年，終於發生大批武裝漢系移民侵墾的「郭百年事件」，這個事件發生後，只有少數族人中的婦人、小孩倖免於難，他們扶老攜幼逃入內山的溪谷中避難，痛哭的過了半個月……。

後來，清廷官方雖然派大官到本地調查，並驅逐漢系移民，還給族人屯田之地，可是北沙連番遭遇這個大劫難之後，傷痕未復，而此後不到十年，福佬及客家移民仍然瘋狂的進入本地區開墾，目前埔里、魚池二鄉鎮福佬人占百分之六十，客家人約占三分之一，而日月潭的邵族，全族不到三百人。

八通關大草原

南投縣東半部的仁愛、信義兩鄉，人口只有幾千人，土地面積卻占了南投縣的百分之六十。這片廣大的中央山脈中段山區，平埔高度在一千五百公尺以上，特別是極東和花蓮縣交界處，自北而南有畢綠山、合歡山、奇萊山、能高山、白石山、丹大山、馬博拉斯山、秀姑巒山、大水窟山等三千公尺以上高峰，南北峰峰相連一線，這些高山也成爲濁水溪上游幾條主要支流的源頭。

南面的玉山，更是海拔三千九百五十公尺的東亞第一高峰，陳有蘭溪上源的沙里仙溪，發源自玉山西側的塔塔加鞍部北側，塔塔加鞍部是玉山的登山口，近年發展成熱門的登山路線，這裡也是陳有蘭溪、楠仔仙溪兩大水系的分水嶺。而玉山東側的大水窟、秀姑巒山，又是郡大溪與拉庫拉庫溪兩大河川的分水嶺，所以這一帶可以說是台灣的屋脊。

玉山，西洋人筆下把它叫做「摩里斯山」，鄒族人把它叫做「八通關」，它是原住民鄒族、布農族兩族共同的聖山。玉山東北方有一個大草原，淸代方志上把它叫做「八同關」，現在稱爲「八通關」，它是中央山脈中段幾條古道的交會點，地位險要，現在則是登玉山的登山客，必然要路過的台灣高山大草原。

八通關草原北坡，陳有蘭溪主流源處，有一個世界級的自然景觀——金門峒大斷崖。因爲陳有蘭溪主流溪谷呈直線狀，坡度約達九十度，沿途極少曲流，所以向源侵蝕作用特別劇烈，而南邊的荖濃溪源，向源侵蝕作用比較慢，致使兩條溪的分水嶺，逐漸向南移動，有朝一日，如果地殼再大變動，也許陳有蘭溪會襲奪荖濃溪上游溪水，讓荖濃溪淪爲斷頭河。

•和社卽今信義鄉同富村、望美村。在和社溪與沙里仙溪會流處，鄒語 Hosa，原意爲「大社」。相傳數百年前，鄒族人自吳鳳鄉達邦村移居本地，建立「魯富都大社」。

•東埔，今信義鄉東埔村，在沙里仙溪東岸的河階上，是清代及日治時代八通關古道的出入孔道，現在是進入八通關草原的登山口，以溫泉旅館馳名觀光界。

從陳有蘭到王永慶

陳有蘭溪，是濁水溪源流中最長的支流，這條溪自八通關南側發源，流經東埔、和社、望鄉、豐丘、信義、新山等部落，在龍神橋匯入濁水溪本流。淸朝末葉，漢人陳有蘭沿濁水溪上溯本地區拓墾，於是漢系移民逐漸進入本地，爲了一塊塊狹小的河谷平原，和布農族人爭地。然而更久之前，本地是鄒族人遠從達邦、特富野本社移居本地，在陳有蘭溪谷沿岸，建立了魯富都大社（今和社），另外如東埔、望美、羅娜等地，原來都是鄒族人的地盤，後來才爲布農族丹社群、郡社群侵占。而一百多年來，漢人出入陳有蘭溪流域，至今和社已完全是漢人部落，其中客家人占百分之八十五，其餘爲閩南人。而以溫泉山莊馳名的觀光勝地東埔，溫泉旅館、飲食店鋪等賺錢行業，也全都由漢人經營。族群勢力的變遷和消長，在這裡演出了進化法則，而弱勢族群總是受害者。

也許，濁水溪包容了人類太多紛爭的歷史，積壓了太多仇恨與不滿，因此每逢夏秋洪水季，土石夾著林木沖刷而下，在下游沖積扇地區氾濫成災，根據三百年來的紀錄，濁水溪出海幹流，曾經七次改道，近百年來，才在大城與麥寮之間狂奔入海。

現在，王永慶的台塑集團挾其龐大資本與科技的優勢，在溪口南岸麥寮鄉的海埔新生地，設立全國最大的石化工業區——六輕廠。

前些日子，電視新聞報導了一條社會新聞，在這個濱海而本來偏僻窮困的麥寮鄉小街上，演出了人車爭道的奇景。平日裡善良淳厚的老百姓，拿起了木棒、鋤頭，追逐著上街時在街上橫衝直撞的砂石車輛，敲碎了汽車門窗，並毆打那些草菅人命的司機，在全國觀衆面前，演出了一幕幕世紀末傳統與現代之間，激烈衝突的景象。

世居麥寮鄉的老農民、老漁民們不禁要問，這條長長的濁水溪，哪一天才會重現河清的一天？

高屏溪——南台灣第一大河

發源自塔塔加鞍部及玉山南坡的高屏溪，是台灣水量最豐足的河川，它的主要源流有四條，荖濃溪有布農族抗日及平埔族流亡史，楠仔仙溪有豐富的化石，也是高身鯝魚的天堂，隘寮溪孕育了西魯凱族的文明，濁口溪則是美麗的瀑布之鄉。

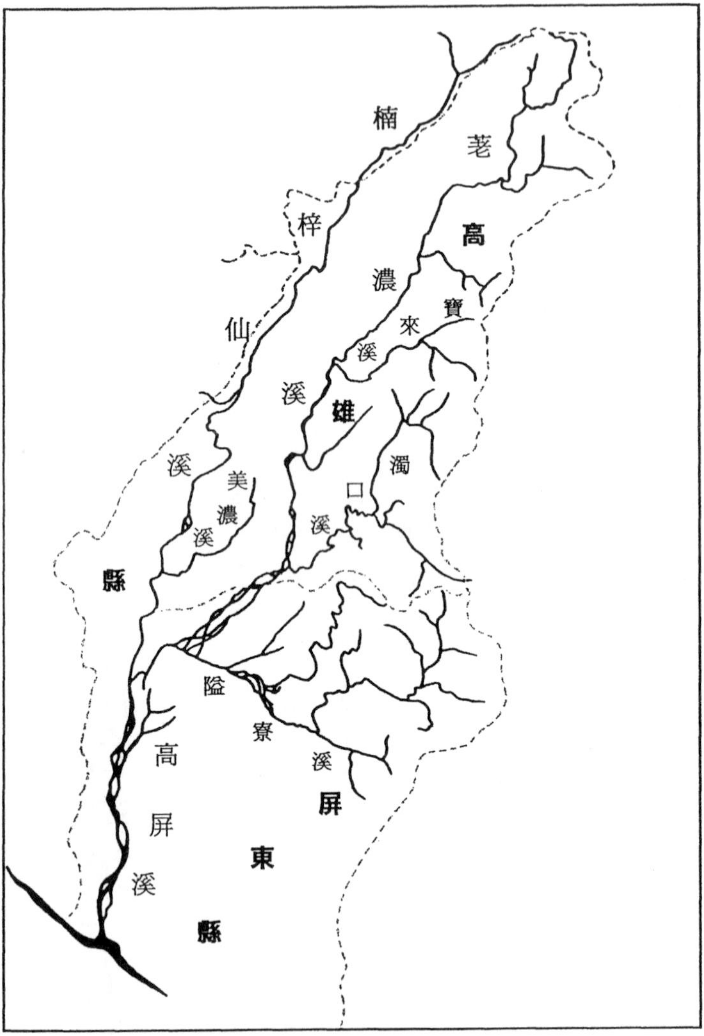
楠梓仙溪
荖濃溪
寶來溪
美濃溪
濁口溪
高雄縣
隘寮溪
高屏溪
屏東縣

你聽說過嗎?清朝時候，台灣有兩條淡水河!台北地區的這一條，叫做「淡水河」，可是南部也有一條淡水河喔，從前叫做「下淡水溪」。

下淡水溪，現在稱爲高屏溪，它是台灣僅次於濁水溪的第二大河，也是南台灣第一大河。此外，如果以流量來計算，它是台灣所有河川中，水量最豐足的。

高屏溪，發源自台灣第一高峰——玉山，南流到林園鄉汕尾港出海，全長一百七十一公里，流域面積達三千二百五十七平方公里，它以縱向流貫高雄、屏東兩縣，其中百分之八十在山區，平原地區只占百分之二十。這條河川供養了兩百多萬人口，特別是高雄大都會區，以及南部各大工業區的主要水源。

高屏溪的主要源流有四條——荖濃溪、楠仔仙溪、濁口溪和隘寮溪。前兩者主要流域在高雄縣境，後兩條在屏東縣境，另外一條小支流美濃溪，則孕育了南部地區最重要的美濃客家文化。

山與河流的對話

一九九四年的春天，玉山國家公園管理處舉辦了一場「布農族人尋根之旅」的活動，這支探勘活動隊伍由三十人組成，包括荖濃溪流域布農族的耆老、山青、玉管處解說員、原住民文化工作者及青年學生，探勘目標是荖濃溪最上源的打馬赫舊社。

打馬赫，這個因布農族抗日史而留名青史的舊社，現在叫做「玉穗廢墟」，位在玉穗山的北面，前臨荖濃溪的危崖，海拔高一千三百九十五公尺，地勢險絕，易守難攻，在日治時代，打馬赫的抗日英雄，拉荷阿雷就在這裡，以兩百多個丁口，和日本軍警抗爭二十年。

• 打馬赫，布農語稱 Tama-ho，漢語稱爲玉穗社，在荖濃溪上源，玉穗山西南稜的斷坡面上，是日治時代高雄州轄內最深山的部落。

• 大正三年（西元一九一四年）發生大分事件之後，布農族開始在各地襲殺日本警察。大正四年之後，拉荷阿雷率族人翻越玉穗山匿居本地，繼續抗日。

•拉荷阿雷投降日軍之後，家族先居勤和台附近，再移居梅山。直至九十多歲高齡才過世。他的長孫阿里曼，熟悉家族那段抗日史，可惜也在一九九七年逝世。

荖濃溪是高屏溪最長的源流，它發源自玉山與中央山脈的大水窟山之間。玉山主峰高達三千九百五十公尺，是東亞第一高峰，在主峰南坡，有一個大圈谷地形，地表上有宛如駝背老人狀的玉山圓柏披覆著。每年冬天，白雪皚皚覆蓋其上，等到春天雪融之際，荖濃溪的第一滴水，就從那裡緩緩流下來。

玉穗山南邊的塔庫音溪，是荖濃溪的支流，發源自三千五百公尺的三叉山，與荖濃溪會合之後，流到梅山附近，形成一個美麗的低位河階——梅山台，這裡是拉荷阿雷投降日本之後，拉荷家族子孫遷居之地。梅山村前的梅山口，則是一個高位河階，現在是南橫公路上的重要休息站。

荖濃溪是一條美麗的河川，在兩山夾峙之間呈東北、西南走向奔流，因爲長久的堆積作用，沿途形成許

• 布農族人的獵徑，主要是走稜線，好處是距離縮短，可以節省時間，缺點是山路崎嶇而坡度較大，走起來相當費力。

多曲流及河階，例如梅山台、濁水台、琉球台、勤和台、美秀台等。其中勤和台附近，有一塊矗立河邊的大尖石，當地人稱爲「妖怪台」，是南橫公路重要景點，裡面有一段平埔族淪亡的悲慘故事。

日治時代，官方爲了掌控中央山脈地區的布農族人，所築的關山越古道西段，大致沿著荖濃溪口而行，當年日本人爲了在山區拖砲車，所以採取等高線方式開築，路面寬度一定、坡度較緩，這點和早年布農族人的獵徑顯著不同，後來政府開築南橫公路，大致就是沿著古道拓築，只是公路大都在荖濃溪東側。

荖濃溪在六龜庄以南河段，有著名的十八羅漢山，諸峰高聳羅列，恰似桂林山水，十九世紀英國攝影師湯姆生來六龜探險時，目睹這個勝景驚嘆說：「眞是難以形容的迷人。」十八羅漢山是礫岩地質，經過長久的風化才造成的，可見大自然眞是奇妙的雕刻師。

高身鯝魚的天堂

楠仔仙溪是高屏溪第二支流，它發源自塔塔加鞍部附近，這條溪也和東側的荖濃溪一樣，呈縱向和荖濃溪平行流向，流過三民、小林、甲仙、杉林到旗山，旗山以下到嶺口的河段，有人把它稱爲旗山溪。至於上源河段，主要在三民鄉境內，由於地處高冷，加上水質清淨，成爲保育類的稀有魚類——高身鯝魚的天堂。

三民鄉主要族群爲布農族，還有少數南鄒族後裔混居其間，據說這裡原是南鄒族的地盤，後來布農族人愈來愈多，而把南鄒族同化了。從前南鄒族人把楠仔仙溪幾條支流，分別以鄒語取上名字，各有其一定的意義，光復後地方政府把它稱爲一溪、二溪……，一直到七

• 一般人均誤稱高身鯝魚爲高山鯝魚，其實是「高身」不是「高山」，因爲它的身體比「苦花」還高，所以以此定名。高身鯝魚可以稱爲「第二國寶魚」，僅次於大甲溪流域「櫻花鉤吻鮭」。牠是冷水魚，只產於高屏溪的上源地區、太麻里溪及鹿野溪。

溪。

這些溪流都有大量的高身鯝魚優游其間，主要原因就是族人天生有愛護自然生態的觀念，他們不把溪流和魚類當做是私有財產，而是部落與族人共同擁有的，所以他們自己訂立規章，每年鯝魚的產卵及長大期間，不准族人及外來客垂釣，或以其他方式捕魚，每年只開放一個多月，供人垂釣，所以溪流中的高身鯝魚又肥又大，垂釣者大都能滿載而歸。

由此可見，原住民比我們漢人，更懂得大自然生生不息的道理。

楠仔仙溪溪谷在台灣島陸升之前，原是一條海溝，所以溪谷中蘊藏了豐富的海相化石，包括各種魚類化石——蛤、螺、蟹、牡蠣等，現在甲仙化石館內有相當豐富的收藏，其中一枚最珍貴的化石——金梭魚，時間可

•古生物的遺骸（骨頭）或遺跡，經過一段很長的時間埋藏在地下，後來讓人發現了，這就是化石。海相化石意味著這些化石原是海中生物。

向前推到七千萬年前，是鎭館之寶。

此外，在小林與五里埔之間，在溪右岸的傾斜台地上，有一處「鎭海軍墓園」，爲內政部列爲三級古蹟，園內遍布刻有名字的石碑近百個。這是光緒十二年，清朝鎭海軍湘南營的士兵們，受命在山區開山築路，因爲罹患瘴癘之氣，在這裡客死他鄉。如果你仔細觀察，每個墓碑都面向溪流，也就是西方的大陸原鄉——象徵著他們死後還懷念故鄉呢！

瀑布之鄉

高屏溪四條支流的上源地區，都以瀑布多而著名，像楠仔仙溪的虹彩瀑布、雙連瀑布、荖濃溪的千疊瀑布、雙龍瀑布。而位在茂林鄉的濁口溪，瀑布更是多又美，包括多納隱瀑布、美雅谷瀑布、霧瓦那瀑布群、情

•虹彩瀑布在三民鄉民權村，布農語叫做「巴臘加播」瀑布，是布農族獵人林茂在打獵時無意間發現的。

•魯凱族大致可分成三個亞族，東魯凱族在台東縣卑南鄉，西魯凱族在隘寮溪流域，又叫隘寮群，另一支是下三社群，位在濁口溪流域，又叫濁口群。

人谷瀑布群等，簡直可以稱爲瀑布之鄉。而茂林鄉也因爲這些自然天生的山水風光，全鄉闢成風景遊樂區，因此外來客進入本鄉，還得收門票呢。

其中美雅谷瀑布分成兩層，高近百公尺，白湍飛瀑漫天而下，蔚爲人間奇景，茂林鄉公所大力開發，成爲觀光客的熱門路線。

茂林鄉人口只有一千多人，分成瑪雅、萬山、多納三個村，每屆鄉長由三個村人輪流做，從來也沒有派系紛爭。茂林鄉除了極少數漢人之外，都是濁口群魯凱族人，人類學家把他們稱爲「下三社群」。他們的語言和其他魯凱族人不一樣，甚至連三個村之間都有差異性，是相當特殊的人文現象。

百步蛇與百合花

屏東縣東北側的霧台、瑪家、山地門三鄉，主要居民是魯凱族與排灣族人，這片一千公尺左右的山區，都位在隘寮溪流域內。

隘寮溪的源流主要有三條，北邊是口社溪，排灣族人稱爲達瓦蘭溪，沿途景色絕佳，是台灣最棒的溯溪河川。達瓦蘭部落廢墟，在大母母山腰的密林之中，這裡是排灣族拉瓦爾系的發源地；兩百多年前，他們舉族遷居口社溪畔的大社村，排灣族著名的雕塑家撒古流就住在這個部落。

隘寮溪在瑪家山地文化園區前方，又分成兩條溪流，北隘寮溪源自知本主山，流過阿禮、伊拉、去怒、霧台等魯凱族主要部落。南隘寮溪源自霧頭山，流過隘寮群魯凱族主要部落——新好茶社區。南北隘寮溪的魯凱族，都是西魯凱族群，他們的發源地在舊好茶古茶布

・大鬼湖又叫「他羅巴林池」，在濁口流上源山花奴奴花的源頭，是排灣族的聖湖。

安，不過四十多年前，好茶人已遷居下來，使古茶布安變成廢墟，平時只有山羌、白鼻心等野生動物出沒其間。不過，好茶魯凱族的最後一代史官邱金士先生，常常獨自上山居住，他正和一批年輕人推動「重建舊好茶」的尋根運動。

走進這片山區的原住民部落，常可看到他們家屋的門牆、壁板或立石上，刻有陶壺、人頭及百步蛇圖案。百步蛇是排灣族和魯凱族人共同的圖騰，在他們的神話傳說中，都認為自己的族群是百步蛇的子孫，所以對百步蛇有特別的禁忌，路上遇到百步蛇，必須禮讓蛇先行，不然將招來不幸。所以本地山區，仍有許多毒蛇，大鬼湖一帶，還流傳著百步蛇王與巴倫公主人蛇聯姻，最後雙雙投身大鬼湖的美麗傳說。

魯凱族與排灣族的傳統社會有嚴明的階級制度，服飾、用品及雕刻都洋溢著藝術之美。百合花也是他們服飾的圖騰，傳說大武山上女神的眼淚，滴入百合花中，而生出魯凱族的頭目祖先。從前，凡是魯凱族男人要打到六隻山豬，才可以戴百合花，而百合花也象徵女人的貞潔，公主出嫁時，可以戴三層的百合花。

旗山蕉城　美濃菸鄉

荖濃溪與楠仔仙溪流域，各有一座古城——美濃鎮與旗山鎮，前者是客家文化的代表，後者是福佬人的重鎮，兩城鎮合稱「旗美」。旗山鎮過去是著名的「香蕉城」，在五〇、六〇年代，香蕉產量冠於全台，尤其是民國五十一年到五十八年間的黃金時期，全鎮鎮郊綠海飄揚，城中則金黃纍纍，使旗山擁有「香蕉王國」的美譽。蕉農種香蕉賺取大量外匯，使當時旗山農會的存

- 魯凱族女人頭戴百合花。
- 一九九六年，高雄縣立文化中心以重現「香蕉王國」做主題，即選擇旗山做爲舉辦城市。

款，幾度躍居全台第一。

正當全盛時期，旗山鎮到處是酒家茶室，黃昏之後，燈紅酒綠之時，在這裡花錢的不是富商巨賈，而是白天揮汗收蕉的農民。現在旗山鎮還有不少那個時期，蕉民種蕉發財而蓋的房子，當地人把它稱爲「芎蕉厝」（客語）。

相對於旗山蕉城，美濃則有「菸鄉」的美譽，這個以菸樓、粄條、油紙傘聞名全台的客家重鎮，前清時代，月光山下這片肥美的盆地，原是一望無際的水田風光，到了日治時代，菸草引進美濃，由專賣局與菸農訂定契約，於是美濃平原的風光，從金黃稻米變成綠色鈔票，美濃地區的客家傳統夥房，也冒起了一幢幢漆黑的菸樓。那個時代，美濃農人也把辛苦種菸賺來的錢，蓋起了「紅毛泥」的洋式建築，外表砌上「磁磚」，當地

•芎蕉厝卽香蕉房子，「芎蕉」是閩南語的「香蕉」。

•紅毛土，指水泥，是西洋產物，客語稱爲紅毛泥。泰魯是日本化的台語，意思是瓷磚。

人稱爲「菸草屋」。

這兩座濱臨高屏溪支流的古鎮，都是依靠高屏溪水爲生的。美濃鎮郊有座「竹門發電廠」，建於明治年間，它是採用西德製的發電機，抽取荖濃溪水來發電，並灌溉美濃平原，這個近百年的老機器，目前還在運轉。旗山鎮中心有條「旗山老街」，它的亭仔腳是用一塊一塊砂岩疊砌起來，成爲一排一排的大拱門，不但跨距大，且有視覺上的美感，這些沙岩，取自於旗山溪溪床。這兩個城鎮的建築，都和當地的自然環境息息相關。

雲豹與石化蚵仔

高屏溪源遠流長，終年維持穩定的水量，原因和它上游地區，擁有許多自然保護區有關，包括大武山、出

•藍腹鷴，布農族人稱爲山雞，全身帶有藍黑色的金屬光澤，另有兩條白色的中央尾羽，相當醒目，常分布於闊葉林和闊針葉混合林區。

•十九世紀時，一個外國探險家參加鄒族祭典時，看見了頭目頭上有一根奇特的羽毛，經過鑑定之後命名爲「黑長尾雉」，又叫「帝雉」。帝雉和藍腹鷴都是國際紅皮書上所列的保育類鳥類。

雲山、霧頭山自然保護區，以及玉山國家公園，它們不但是高屏溪各源流的主要集水區，也因森林密布而成爲許多野生動物的繁殖場。玉山頂層擁有阿拉斯加的凍原區生態，中層的霧林區是紅檜與扁柏的故鄉，有台灣特有種的水鹿及台灣黑熊出沒其間。

出雲山自然保護區是濁口溪的集水區，天然林相秀麗完整，孕育了豐富的鳥類，特別是以國寶級的台灣帝雉、藍腹鷴、林鵰最爲珍貴。大武山自然保留區是台灣面積最大的保留區，裡面包括亞熱帶、暖溫帶闊葉林，以及暖溫帶、冷溫帶等四大林系，也撫育了大量的野生動物，其中以神出鬼沒的雲豹，更是受人重視。

雲豹是魯凱族祖先的獵犬，也是他們的恩人，早年雲豹帶著魯凱族獵人，從魯敏安下山而找到了舊好茶「古茶布安」的水源，因而繁衍了族群，所以至今隘寮溪流域的魯凱族人，仍自稱爲雲豹的後裔。可是森林的砍伐與山區的濫墾，逐漸壓縮了雲豹存活的空間，大武山區的登山客，已經很久沒有看到雲豹的蹤影了。

然而千百年來，高屏溪還是不停的流著，從來都沒有停歇，只是高雄市人永遠都不了解，他們擁有這條全國水量最豐足的河川，爲什麼每天還要買水喝？

如果高雄人到高屏溪的出海口看一看，可能連飯都吃不下去，因爲汕尾港附近的漁民，在出海口的河面上，遍插了養殖蚵仔的蚵坪，而出海口附近就是一個大型的石化工業區，他們把廢水偷偷排入高屏溪，而漁民用這些有毒的廢水養蚵仔，高雄人吃的正是這種「石化蚵仔」呢！

秀姑巒溪——母親胸崁的奶水

秀姑巒溪發源於中央山脈的秀姑巒山，它的山形就像母親胸前的乳頭一樣，秀姑巒溪的第一滴奶水，就從這裡流下來，到了玉里之後，貫穿花東縱谷的中段，在這裡演出了平埔族、布農族、阿美族與漢人之間的一頁滄桑史。

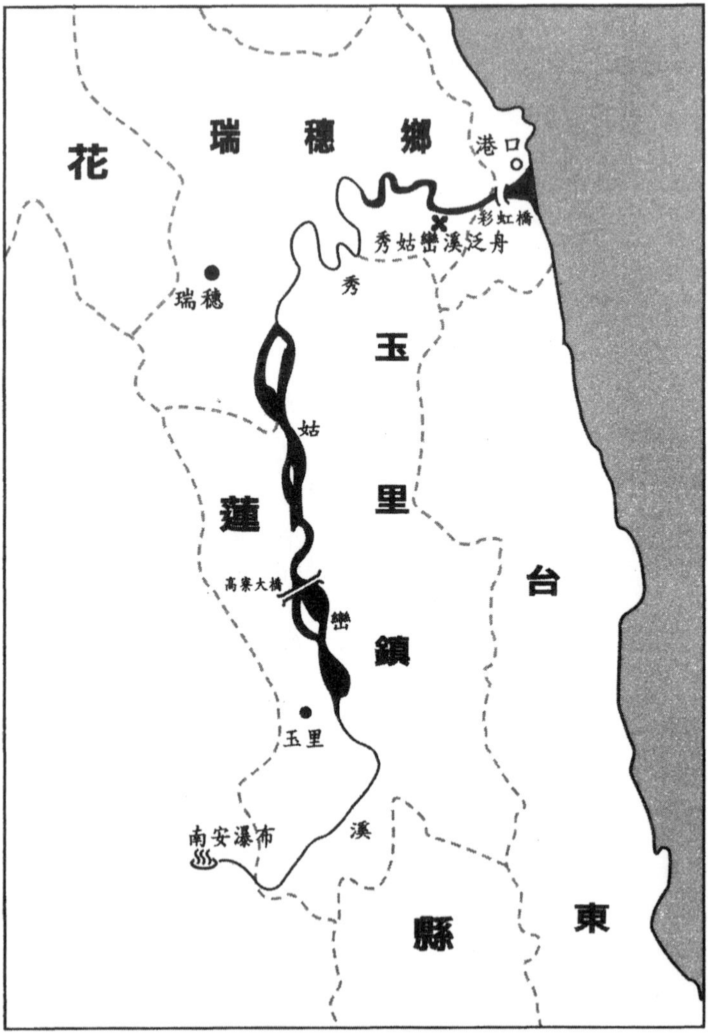
花
瑞
穗
鄉
港口
彩虹橋
秀姑巒溪泛舟
瑞穗
秀
玉
姑
里
蓮
台
高寮大橋
巒
鎮
玉里
溪
南安瀑布
縣
東

狹窄的長廊，夾峙在中央山脈與海岸山脈之間的花東縱谷，北起花蓮縣吉安鄉，南達台東平原，像一條長長的嬰兒臍帶一樣，牽引出後山地區歷史與人文的風華。

這條縱谷，最窄處只有兩三公里，最寬處將近二十公里，南北縱向總長一百八十公里左右，它的中心點剛好落在縱谷中段重鎮——玉里鎮。玉里，這個日治時代取的好名字，從前舊地名叫做「璞石閣」，據說是阿美族母語的漢譯音，原意是「有風砂的谷地」。日本動畫大師宮崎駿有部卡通片，叫做「風之谷」，我想，早年在阿美族祖先的眼中，蠻荒的璞石閣，應該很接近那種景象。

如果，我們從花蓮沿著台九線南下，經過玉里橋的時候，往西看去，右方是人煙稠密的玉里平原，最寬處

•客人城，指花蓮縣玉里鎮源城里，爲玉里鎮客家人聚居之地，光緒元年（西元一八七五年），因爲開中路的吳光亮爲客家人，所以中路完成之後，有客家兵丁在此定居。

從客人城一直延伸到海岸山脈的山腳下，左方秀姑巒溪沖刷的砂岸上，退輔會榮民之家的房舍點綴在山水之間，中央則是一條長長的白浪——拉庫拉庫溪，遠遠的在重巒疊嶂之中，一路奔流而下，而最遠最高的那座山，就是秀姑巒山。

媽媽胸崁的乳頭

秀姑巒山，靜靜的躺在八通關大草原東方的盡頭，這座海拔三千八百零五公尺的高峰，是濁水溪、高屏溪、秀姑巒溪三大水系的分水嶺。如果我們走在八通關古道向南望去，秀姑巒山的峰頂，就像媽媽胸崁的乳頭一樣，清淨沁涼的秀姑巒第一滴水，就從奶頭下方的坡面流下來。

拉庫拉庫溪，現在我們把它叫做樂樂溪，這條溪是

・本地區的布農族人，卓溪鄉以巒社群爲主，南端的海端鄉以郡社群爲主，亦有部分丹社群人。

秀姑巒溪衆多支流之一，也是最長的一條，它的源流共有十條溪流，呈南北分叉狀，沿途匯入拉庫拉庫溪本流，然後穿越中央山脈餘脈的桐林山，過了客人城的南側才出山，傘開呈寬闊的河道。拉庫拉庫溪從上游夾帶的沙石，在這裡因河道變寬而流速趨緩，砂石積疊在河床上，加上泥漿、落葉，厚積了玉里平原的膏壤，所以玉里平原就和南方的池上平原一樣，成了花東縱谷上米糧的主要產地。

拉庫拉庫溪流域，都在花蓮縣卓溪鄉境內，這片寬瀚的山區，都是布農族巒社群的地盤。布農社六大群之一的巒社群，大約在十八世紀初，從南投縣巒大溪流域，越過中央山脈，在拉庫拉庫溪流域建立太平、卓溪、清水等社。此後另一支郡社群布農族，也向新武呂溪流域遷徙，把卓溪鄉南邊的海端鄉納爲勢力範圍，因此在十八世紀末期，布農族大致盤占了中央山脈東側山區，隔著秀姑巒溪和對岸的阿美族，以及新武呂溪流域以南的魯凱族，互相對峙，這種族群勢力的對立關係，致使當時的花東縱谷區中段，出現緩衝地帶，給予另一支族群——西拉雅族一個新的移民天堂。

西部來的人

秀姑巒溪從池上以北，到海端之間，直貫縱谷區呈南北流向。我們從台九線南下，一直到玉里鎮，這段公路都建築在溪的西側，過了玉里大橋之後，公路轉到秀姑巒溪東側，沿著海岸山脈山腳向南延伸。當我們抬頭看到海岸山脈上高點的一隻貓頭——安通越山之後，到了一個人口較多的小鎮——東里。

東里，舊地名叫做大庄，這個小鎮除了公路兩側的

•安通越山在海岸山脈中段，以東是長濱鄉，以西是玉里鎮，清代有安通越嶺道路聯絡。

商家居民，是福佬人及客家人之外，在祭拜觀音的玉蓮寺後面，還有一大片谷地，房舍櫛比鱗次的擴展到海岸山脈的山腳下，這裡現在叫做東里社區，從前叫做新大庄。

東里社區約有一百多戶人家，他們說著跟我們一樣的福佬話，生活習慣也跟我們台灣人大同小異，但社區入口處，卻立著一幢土地公廟般的小廟，裡面拜的是「太祖」。社區裡的住民，不是漢人，是西拉雅平埔族人，包括馬卡道、大武壠兩個亞族在內。

先前，這支族人的祖先，在頭目杜四孟率領下，從原居地屏東平原的東北側，越過中央山脈南段的浸水營古道，經過台東，沿著花東縱谷向北走，移民到現在東里對岸的長良，建立大庄部落。他們在這個新家園，以牛、豬和布農族丹社群交換土地，並和他們和平相處。

•西拉雅族中的馬卡道族，原居於屏東平原東側山腳下，西元一八二九年遷居到後山，先居住在台東市濱卑南溪岸，因不堪卑南族人侵擾，數年後舉族移居舊大庄（今長良）。

・在富里鄉，據說早年有布農族與阿美族人在此爭鬥，故稱蠻人埔，即今之萬寧。

・刣狗寮在玉里鎮秀姑巒溪東側，因早年有阿美族人在此殺狗，台語稱爲刣狗寮，今爲高寮。

・幾個東部城鎮舊地名：

公埔——今富里。

里壠——今關山。

寶桑——今台東市舊市區。

幾年之後，另外一支大武壠西拉雅族，從西部的荖濃溪流域，越過中央山脈到達這裡，他們的人口越來越多，耕地不足，所以就越過秀姑巒溪，趕走了阿美族，建立了新大庄部落，就是現在的東里。

這群西部來的平埔族，從前在西部原居地，備受漢人的壓迫，可是他們長期跟漢人接觸，吸納漢人的文化，並學會了種稻米的農耕技術，所以到了花東縱谷之後，他們反而成了文化較爲先進的強勢民族。於是他們以大庄爲基點，在秀姑巒溪東岸，向南北拓展勢力，在南邊的富里鄉境，建立了蠻人埔、馬家祿、石牌、公埔（今富里）；在北邊玉里鎮郊，建立了刣狗寮（今高寮）、觀音、松浦、麻汝等部落。

相對於不善於打仗、愛好和平的阿美族來說，平埔族人是強勢民族，在短時間內，成爲縱谷區中段的新貴。然而好景不常，從西部來的漢系移民，也如影隨行的移居後山，先後在迴瀾、水尾、璞石閣、公埔、里壠、寶桑等地，建立了新的移民村。這些屬於二次移民的漢人，逐步接收了平埔族人在本地區的開發成果，然而更大的外來力量，還在於隱於漢人背後，清朝官方的統治勢力。

觀音山事件

漢人勢力進入後山，以一八七五年爲起點，背景則是前一年發生在恆春半島的牡丹社事件，清廷官方在欽差大臣沈葆楨建議下，決定了「開山撫番」政策，於是選定了北路、中路、南路，三條從西部到東部後山的孔道，藉著開路完成，把統治力量伸展到後山地區。

三路中的「中路」，就是八通關越嶺古道（一八七

•西元一八七一年，琉球的一批漁民，因海上颶風，漂流到恆春半島東岸的八瑤灣，上岸後碰到牡丹社的排灣族，被殺害的有五十四名；其他十二人獲得車城鄉客家人救助。三年後，日本以此事爲藉口，出兵討伐牡丹社，史稱牡丹社事件。

五年完成），由客家籍的總兵吳光亮率兵督造。那年冬天，中路開築完工，以客家人爲主的移民，在官方保護下進入玉里的客人城，和秀姑巒溪對岸的平埔族人對河而居，原本東部荒地頗多，兩族是可以和平相處的，可是因爲清朝地方官吏的貪汙腐化，在光緒十四年（西元一八八八年），因爲官逼民反，激起了大庄平埔族人，聯合阿美族、卑南族人聯合反抗的「大庄事件」。

當時秀姑巒溪中有許多漂流木，平埔族乃架漂流木及石頭爲陣地，抵抗清軍。當時清兵主攻，爲首的人騎馬在後督戰，前面一個舉軍旗，兵列成一排一排的往前攻，大庄兵則三人一組，躲在陣地裡，使用火籠槍，專門瞄準對方舉旗的那個人。舉旗的人中槍倒下之後，其他人就要把他拖回去，重新布陣，又一排一排的攻過去，結果舉旗的又中槍倒下去……。依據目前大庄老人家的口傳，當時大庄兵覺得清兵眞夠笨，整天都在秀姑巒溪谷中一進一退，一進一退……。

這次事件，導致反抗軍攻進位在台東市的台東直隸州治所在地——寶桑，最後在北洋水師總兵丁汝昌率領軍艦鎮壓下平息了，可是七年之後，又爆發了「觀音山事件」。

洪水神話

秀姑巒溪中游，向北流過舞鶴台地東側，到了瑞穗之後，突然奇蹟似的來個大轉折，向東穿越海岸山脈，在長濱鄉的大港口出海。

地理學家指出，古時候，花東縱谷上只有一條「古花蓮溪」，自池上鄉大坡池向北流到花蓮南濱，注入太平洋。當時，在目前秀姑巒溪的流路上，只有一條小溪

•西元一八九五年元月，台灣割讓給日本前夕，地方官吏向本地平埔族強徵金銀及糧食，激起觀音山庄民變，社民殺掉大庄總理及樂合通事，史稱「觀音山事件」。

叫做奇美溪，在海岸山脈東側東流出海。

結果奇蹟發生了。

我們知道，台灣東部是個陸升海岸，因爲板塊運動，海岸山脈持續抬升，而河流的侵蝕基準也隨著下移，原來的奇美溪，由於落差大而流速快，便發生向源侵蝕作用，久而久之，便切穿了瑞穗東側的海岸山脈。由於奇美溪的河床比古花蓮溪河床低，於是古花蓮溪中游的水便流向了奇美溪，形成了今天的秀姑巒溪。

現在，我們站在奇美公路西側起點的高處，可以發現整個秀姑巒溪中段的美景，它因爲河川侵蝕與堆積作用，在縱谷區塑造了德武、鶴崗及舞鶴三個大河階，其中最引人注目的，就是舞鶴台地。

台九線從瑞穗到玉里，其中一段必須繞山路而行，這段山路就是阻絕了花東縱谷的舞鶴台地。這個台地平均高度約兩百公尺，是天鶴茶的主產地。遊客到了這裡，一般都會下車喝茶歇腳，但是舞鶴更爲迷人的地方，是臨溪矗立的那兩根大石柱。這兩個大石柱有著一個洪水神話，和一段美麗的阿美族民族起源的傳說。

遠古時代，秀姑巒溪發生大洪水，縱谷區的人幾乎都淹死了，只有一對兄妹僥倖逃生，他們利用竹子做的天梯，爬到了溪的源頭——秀姑巒山頂上避洪水。那段時間，因爲山頂上太無聊了，兄妹倆以羊皮掩面，兩人做了親密的遊戲。等到洪水消退之後，這對結成夫婦的兄妹，下山來到舞鶴台地建屋而居，據說那兩根大石柱，就是當年建屋的大柱子。這對夫婦就是後來阿美族的祖先，他們先後生了四個兒子，長大之後，分散到各地結婚生子，因而繁衍了阿美族的子孫，使阿美族成爲台灣人口最多的原住民。

•舞鶴石柱，爲東部地區最著名的巨石文化代表性遺址。

北方來的人

阿美族，這個生產台灣最漂亮的女人的民族，也是台灣最喜歡唱歌跳舞的民族，他們喜歡向外族自稱爲「板炸」（Pangtasx），是異於禽獸的人種或民族之意。可是其他族群都把他們稱爲「阿美族」，這個稱呼源自位於東部南方的卑南族，稱呼北方的部族叫「Amis」，意思是「北方的人」。

這支愛好和平的北方人，很不幸的在十七世紀中葉的時候，遭遇一支來自「北方的人」的侵略，這支紅頭髮、碧眼珠的北方人，不是用走路或者乘著獨木舟來的，而是一艘軍艦。

一七七一年八月的夏天，秀姑巒溪出海口那隻蹲伏的大獅子，突然嚇了一跳，因爲北方海面上正緩緩駛來

•大港口舊稱秀姑巒，在秀姑巒溪出海口的北岸，光緒十三年，因卑南同知建議在此建港，故改名爲大港口，今長濱鄉港口村。

一艘俄國軍艦——Corvelt號。獅子狂嘯幾聲，於是河口北岸的大港口部落，幾個族人好奇的登上「望樓」；往海面上眺望，可是大獅子和族人，從來也沒見過這個畫破海浪而來，還會冒煙的大怪物，他們的祖先，曾在這個海面上更遠的地方，看過大鯨魚，可是牠冒的是水柱。

軍艦上共有九十九位官員，由一位匈牙利伯爵貝尼奧斯基率領，這個在波蘭與俄國戰爭中的騎兵指揮官，因兵敗被俘，關在西伯利亞的監獄中。後來，他誘拐了俄國將軍的女兒，率囚犯九十六人襲擊看守兵，脫獄成功並奪取軍艦，從鄂霍次克海南下到太平洋。當時貝將軍看到南方這綠色的大島，就是一個半世紀之前，叫葡萄牙水手驚豔的「福爾摩沙」，他大喜過望，下令靠岸停泊，登陸點就在今天的大港口。而首先發現軍艦的大

•光緒三年（西元一八七七年），中路統領吳光亮，奉命開水尾到大港口的通路，遭遇沿線以奇美社爲主的阿美族人反對，雙方發生軍事衝突，清軍假託議和，阿美族人信以爲眞，被吳光亮襲擊，阿美族壯丁死傷慘重，史稱奇密事件。

獅子，就是秀姑巒溪出海口的獅毬嶼。

這個台灣歷史上第一次的外族侵略，就發生在大港口阿美族人身上。靠岸後，貝將軍派十六人上岸，希望向土人討食物吃，結果和阿美族人發生戰爭，不擅於作戰的阿美族人當然吃敗戰，全族被殺了兩百六十人，茅草搭的房屋全部燒燬，部落被夷爲平地。

然而，阿美族人不幸的命運不止於此，光緒三年（西元一八七七年），再度發生「奇密事件」，這次也是「北方的人」。來自花蓮的吳光亮，爲了打通瑞穗到大港口的道路，引起秀姑巒溪北岸大社——奇密社族人的反對，雙方發生糾紛，結果奇密社的壯丁，被吳光亮襲殺了一百六十人。

每年夏天，大批來自北部的遊客，來到秀姑巒溪泛舟，你會發現，秀姑巒溪的溪水清淨而豐沛，那是布農

族人心目中「母親胸崁的奶水」，也是阿美族人心目中「爲祖先而哭泣的淚水」呀！

蘭陽溪——青番公與吳沙

蘭陽平原是台灣北部的米倉，這個等腰三角形的平原，就是由蘭陽溪沖積而成的三角洲。小說家黃春明筆下的「青番公」，就在蘭陽溪岸演出了人與土地及洪水抗爭的故事，因此青番公就成為台灣傳統農民的典型。

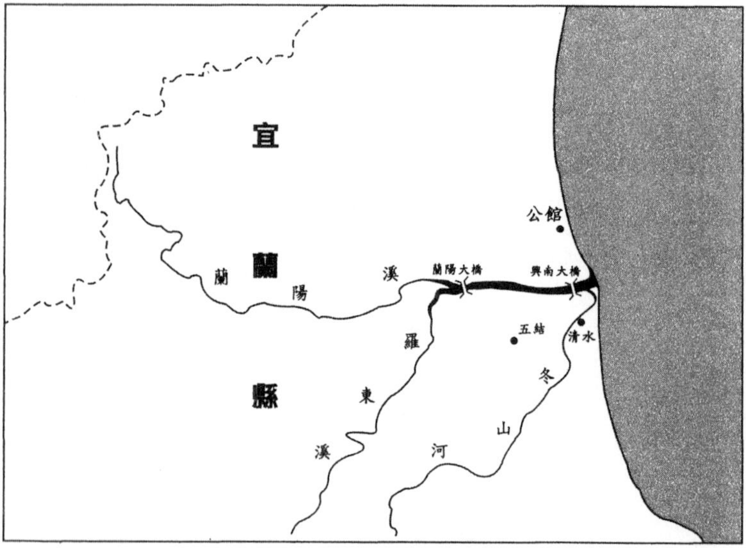
宜
蘭
縣
蘭陽溪
羅東溪
冬山河
公館
蘭陽大橋
興南大橋
五結
清水

宜蘭小說家黃春明，有一篇小說「青番公的故事」，寫一個喜歡在每一塊水田中插上稻草人，以防麻雀吃掉金黃纍纍的稻穀的農夫，更重要的是，這篇小說的主人翁青番公，代表了台灣傳統農民的典型——一個勤奮，吃苦耐勞，爲了土地與農作物，不斷與天災、洪水抗爭的一生。

我們熟悉的蘭陽人性格正是這樣。

蘭陽平原的自然環境，是一個與外界隔絕的世界，平原三面環山，只有東面臨海，這個封閉的環境，養成蘭陽人特有的性格——外表冷漠，內在剛強而不失純樸淳厚，有信心迎接未來的希望，碰到困難從來不服輸，這正是典型蘭陽人性格。

封閉環境養成的性格

•匹亞南鞍部位在中央山脈多加屯山及羅葉尾山之間，中橫公路宜蘭支線就是穿過此鞍部的思源啞口。

蘭陽人的性格養成，和蘭陽溪有極深厚的關係，而一部蘭陽平原開發史，可以說是蘭陽人世世代代和溪流抗爭和洪水纏鬥的歷史。

蘭陽溪，清代方志書上寫的是「濁水溪」，和台灣中部濁水溪同名，只是規模小了一點，主流全長七十三公里，流域面積約一千平方公里。蘭陽溪從前命名為「濁水溪」，也是因為在溪的上游地區，溪水沖刷而下，夾帶含粘板岩的沙粒，溪水呈灰黑而混濁得名。這條溪發源自匹亞南鞍部北側，上游地區有許多短小支流，沿著山谷縱向匯入本流，南側有四重溪、土場溪、清水溪，均源自中央山脈，北側最主要的是冷水溪，到了宜蘭市之後稱為宜蘭溪，它源自雪山山脈，在東港村附近匯入本流出海。

蘭陽溪輸砂量十分驚人，足足是淡水河的兩倍，它在土場附近，會合土場溪、天狗溪之後，河床逐漸寬闊，沿途堆積了不少河階台地，流經牛鬥橋之後，出山進入平原地區，高度降到了一百公尺。因爲流速趨緩，砂岩土石沿途沈澱堆積，形成了大沖積扇，這個略呈等腰三角形的沖積扇，以三星爲起點，北部的頭城、南部的蘇澳，形成兩軸，各長約三十公里，這個三角形的沖積扇就是蘭陽平原的主體。

噶瑪蘭三十六社

宜蘭另外一個小說家李潼，寫了一部少年小說「少年噶瑪蘭」，描述一個噶瑪蘭少年潘新格，在一個颱風天的午後，意外的展開一趟穿越時空之旅，回到一百九十年前的噶瑪蘭，那個祖先曾經在海中流浪遷徙，定居下來繁衍族群，後來又被漢人侵占，不得不再展開流浪

・牛鬥橋，在大同鄉東側松羅村，位處中橫宜蘭支線到宜蘭與羅東的三叉路口，附近地形因爲兩側山丘對峙，有如雙牛相鬥模樣，因而得名。

•根據噶瑪蘭的口傳歷史，以及專家推測，相傳噶瑪蘭祖先的移民路線，原居地是菲律賓北部某個島嶼，越過巴士海峽，移居蘭嶼、綠島，大部分再從綠島移居蘭陽平原，小部分先移居花蓮德其黎，再移到蘭陽。

遷徙的原居地。

小說家筆下的噶瑪蘭，就是今天的蘭陽平原，而小說主人翁潘新格所住的加禮宛，在今五結鄉的季新村，如果我們把時光往前推兩百年，那個時候，加禮宛沒有漢人，它是噶瑪蘭平原三十六社之一，居民都是噶瑪蘭人。

噶瑪蘭，是台灣平埔族之一，人類學上把他們列爲南島民族，他們在很久以前，飄洋過海流浪到蘭陽平原。他們在這個三角洲大平原繁衍子孫，建立了三十六個社，以橫貫平原的蘭陽溪爲界，溪北叫做東勢，共有二十社，溪南叫做西勢，共有十六社。上面提到的兩篇小說主人翁的背景，都在溪南，潘新格住的加禮宛社就在冬山河旁，而青番公的家是歪仔歪社，就是現在羅東鎮仁愛里，位在蘭陽溪南岸的小村。不同的是，潘新格是噶瑪蘭的後裔，而青番公是蘭陽平原的新移民——漢人。

兩百年來，噶瑪蘭族和漢系移民，包括漳州人、泉州人和客家人，就在這片土地上，合演了一段移民與開發的歷史。

平原之人

噶瑪蘭人自稱是Kavalan，意思是「平原之人」，他們居住在蘭陽溪、頭城溪、冬山河兩岸，以及濱海地區，從居住地及聚落形態來看，他們也是一支愛水的民族。傳統的噶瑪蘭人和其他南島語族一樣，是一個母系社會，因爲盛行招贅婚，男女結婚之後，丈夫住進女家，所以母權比父權還大，這點顯然跟漢人不同。

在漢人進入蘭陽平原之前，噶瑪蘭人一直過著自由

• 台灣的土著民族屬於南島語族，又稱爲南島民族。這支大語族分布極廣，包括太平洋及印度洋的島嶼地區，印尼、菲律賓、紐西蘭、馬達加斯加都是，共有一千二百多種語言。

自在、與世無爭的日子，以游耕、焚獵、捕魚維持自給自足的生活。部落中的事務，由各年齡階層的人分工合作，並推舉老年層中賢能的人當頭目來領導大家。

他們認爲天地之間有鬼神及祖靈，能保佑人也能懲罰人，他們每年在除夕的時候，舉行一種叫做「巴律令」的祭典，請祖靈來共食並庇佑家人，家中有人生病，則請巫師來舉行「巴斯包」儀式；如果部落中很多人生病了，則要請更多的巫師，來病人家中或另搭祭屋，舉行一種叫「巴格拉比」的祭典，通常是黃昏之後一直進行到午夜。這個儀式主要是透過巫師，接引祖靈的力量，來治好病人。

噶瑪蘭人愛好和平，對人熱情而誠懇，一八八三年的時候，加拿大長老教會的馬偕博士，曾經兩度到蘭陽平原傳福音，他悉心的爲噶瑪蘭人治病、拔牙，並且在這裡蓋了許多教堂，這使得噶瑪蘭人的傳統文化，引起很大的變化，後來有些人改漢姓時，就以「偕」爲姓。

基督教長老教會，先後在蘭陽平原蓋了二十餘座教堂，主要信徒爲噶瑪蘭人，可是上帝似乎沒有特別關照這些善良的原居民，他們在嘉慶年間短短三十年之內，幾乎完全失去平原上的土地與田園，輾轉遷徙到後山的新城、花東縱谷以及東海岸的不毛之地，過著離鄉背井的生活。造成噶瑪蘭族流離失所的人，就是目前宜蘭人奉爲開蘭祖師的吳沙、吳化叔侄。

三籍移民與流番

原籍漳州的吳沙，本是北台灣一個拓墾豪雄，他先至雙溪貢寮一帶；到了嘉慶元年，他號召了漳、泉、粵三籍移民一千多名匠工，從三貂進墾蘭陽平原北端的頭

• 吳沙入墾本地之後，爲了抵禦噶瑪蘭族，在移墾村建土圍作防禦工事，這個「圍」，和七堵、八堵的「堵」字意義完全一樣，因爲是最早的圍，所以原名爲「頭圍」，後來建噶瑪蘭城之時，因「圍」字不雅，所以改名頭城。

圍，建立了第一個漢人移民村，這是頭城老地名的由來。

當時蘭陽平原正流行疫疾，略懂醫術、草藥醫療的吳沙，免費爲噶瑪蘭人治疾，因而得到族人的信任。兩年後吳沙去世，侄子吳化代行墾首職務，他從嘉慶三年開始，帶著移民沿雪山腳下向南拓墾，建立湯圍、民壯圍、五圍等漢人村落，於是溪北的近山地區，納入漢人的勢力範圍。

就在三籍移民建立五圍庄之後，另一批人從中部地區，也翻越了雪山山脈，抵達五圍，他們是以巴宰海及道卡斯等平埔族人爲主，因爲在原鄉的西部沿海地區，深受漢人壓迫，於是集結成一千五百人的龐大移民潮，移居到蘭陽平原的山腳，這兩批移民在今蘭陽溪北岸的宜蘭市，爆發了五圍爭奪戰。這一戰，人數較少的平埔

• 湯圍在今礁溪鄉德陽村。湯即溫泉之意，附近有著名的礁溪溫泉。
• 民壯圍在今壯圍鄉，地名爲吳沙之子於土地墾成之後，賜給墾拓有功的民壯，故稱民壯圍。
• 五圍是今宜蘭市區。

•清代爲區別平埔族和未受教化的生番的不同，把平埔人列爲熟番，而從中部移居到蘭陽平原的平埔族，爲流浪之民，故當地漢人稱之爲「流番」。

族戰敗，於是越過了蘭陽溪到達羅東，無意間變成拓墾溪南地區的先鋒。

三籍移民拓墾集團，接著拓墾溪北平原，噶瑪蘭人被迫向海岸地區及東北部的海岸台地移居，此時，漢人移墾集團內部，因爲土地分配問題發生糾紛，於是拒絕對少數的泉州籍及客家人，聯合了中部來的平埔族流番，和勢力強大的漳州人，在蘭陽溪南岸的羅東，發生決定性的戰役，這一戰決定了整個蘭陽平原——包括溪北及溪南，成了漳州人的天下，客家人則退居員山鄉、三星鄉的山腳下，而剩下的平埔族只得含恨的爬過雪山山脈，退回中部山區及埔里盆地，另外一部分留居三星的吧哩沙喃平原，和客家人混居。

沃野平疇，台灣米倉

蘭陽平原屬於亞熱帶氣候，除了陽光與溫度適中之外，一句俗諺「竹風蘭雨」也最能說明宜蘭的雨量充足。擁有這樣優厚的自然環境，加上蘭陽溪從上游夾帶下來的肥沃砂土，使蘭陽平原的農作物生產可自給自足，並有餘糧可供應台北及基隆地區，所以長久以來就有「台灣米倉」的美譽。

然而，由於蘭陽平原是一個三面環山的盆地地形，西高東低的地勢，使蘭陽溪的水位落差極大，秋冬旱季，河床常乾涸見底，而春、夏季節是豐水期，碰到每年多次的颱風，於是強風加上豪雨，常使蘭陽溪氾濫成災。蘭陽溪下游兩岸的農民，就這樣一代一代的扮演著黃春明小說中的青番公。

他們似乎天生下來，就要跟蘭陽溪爭地，跟洪水抗衡似的；這種人文地理因素，也塑造了蘭陽人強悍、不畏艱難的性格，而這種性格也反映在蘭陽人的政治參與上，特別是針對統治階層的反對運動。從日治時代的蔣渭水，到光復之後的郭雨新、林義雄、陳定南到游錫堃，一代接著一代，又是另一個層面的「青番公的故事」。

這個一向自給自足的農業經濟，當然也得感謝清代及日治兩代統治期間，由官方協助領導的「興水利、除旱潦」的施政上，從開墾初期，由結首、資本家出資與築埤圳，從蘭陽溪、宜蘭河中上游引水灌溉水田。到了嘉慶十五年設「噶瑪蘭廳」之後，官方積極參與，與民間合力興築水利工程，成爲水利官民合股組織，設圳長、埤圳主專人管理。到了清朝末年，整個平原滿布埤圳，共有八十一條之多，因爲先天環境優越，加上後天人爲因素的建設，現在我們從北宜公路的東側山巒向下

俯望，整個蘭陽平原綠野平疇，千頃良田，從山腳一直延伸到太平洋濱，令人有彷入桃花源的幻覺。

宜蘭奇蹟——冬山河

在蘭陽溪的南側，還有一條冬山河，這條溪的上源是新寮溪與舊寮溪，發源於南澳鄉的舊寮山，呈東北走向，在蘭陽溪口匯入太平洋。冬山河沿岸，從前也是噶瑪蘭族的家園，加禮宛社、流流社是溪南著名的大社，而今加禮宛社族人已遠走花東後山地區，而流流社還有不少族人留守舊家園，只是在漢人的強勢文化下，他們完全漢化爲福佬人。

兩百年前，噶瑪蘭人在冬山河畔捕魚、洗濯及取水飲用，而今冬山河卻以「親水樂園」聞名全國，吸引了全國各地的觀光客，攜家帶眷來這裡度假遊玩。這是十多年前，陳定南在八年縣長任內，引進日本象集團，精心規畫治水與休閒方案，加上繼任的游錫堃縣長，也以觀光、環保立縣爲目標，經過十餘年的努力，冬山河的奇蹟，成爲台灣整治河川的標竿，也同時成爲宜蘭人的驕傲。

蘭陽人對河川的依戀，對土地的深情，實在值得台灣各地的人效法。台灣的每一個人，都多少帶一點青番公的精神，我們的子孫在這片土地上，便能活得更有價值、更有尊嚴。

親子系列

教養子女妙招118	桂文亞主編
關心我們的孩子	唐媽媽著
親子數學	馬文璧・文庭澍譯
親子妙法50招	施美惠著
陪孩子上幼稚園	何采嬪著
陪孩子上小學	曾文録等著
陪孩子上國中	康雪卿著
老爸日記	王天戈著
晚安故事365（二冊不分售）	鄭明進等著
陪孩子快樂成長	吳京口述 楊蕙菁整理
親子XYZ	邢維禮著
女生來做數學	梁崇惠、楊翠勤合譯
親師交流道	聯合報家庭婦女版輯
101個數學問題	梁崇惠、楊翠勤合譯
親子ABC	吳湘文著
親子作文	林月娥著
學習型家庭	韋淑娟著

校園檔案

夫子列傳	單小琳著
老師家長聯合出招	單小琳主編
一個老師的真心話	單小琳著
大專女生上成功嶺	張麗君等著
常態編班怎麼辦	吳京、單小琳等著
老師家長別生氣	單小琳主編
如何指導孩子撰寫專題報告	鄧運林主編
嬌嬌兒入學	蘇月英著
班級經營有一套	林月娥著
日本小學教育	洪伯昌譯
遊戲學習：大地遊戲DIY	吳望如著
如何考上國小老師	單小琳、黃琴文編著

台灣風土系列❺

河流的故事

2000年8月初版
2017年8月初版第七刷

Printed in Taiwan.

定價：新臺幣單冊200元
新臺幣一套10冊1800元

審　訂　施志汶
著　者　莊華堂
　　　　葉媛妹
責任編輯　黃惠鈴
封面設計　劉茂添

出版者　聯經出版事業股份有限公司
地址　台北市基隆路一段180號4樓
編輯部地址　台北市基隆路一段180號4樓
叢書主編電話　(02)87876242轉213
台北聯經書房　台北市新生南路三段94號
電話　(02)23620308
台中分公司　台中市北區崇德路一段198號
暨門市電話　(04)22312023
郵政劃撥帳戶第0100559-3號
郵撥電話　(02)23620308
印刷者　世和印製企業有限公司
總經銷　聯合發行股份有限公司
發行所　新北市新店區寶橋路235巷6弄6號2F
電話　(02)29178022

總編輯　胡金倫
總經理　陳芝宇
社　長　羅國俊
發行人　林載爵

行政院新聞局出版事業登記證局版臺業字第0130號

本書如有缺頁，破損，倒裝請寄回台北聯經書房更換。　ISBN 978-957-08-2117-8 (平裝)
聯經網址 http://www.linkingbooks.com.tw
電子信箱 e-mail:linking@udngroup.com

國家圖書館出版品預行編目資料

河流的故事 / 莊華堂、葉媛妹著．
--初版．--臺北市：聯經，2000年
248面；14.8×21公分．(台灣風土系列；5)
ISBN 978-957-08-2117-8(單冊：平裝)
[2017年8月初版第七刷]

1.河川-台灣-青少年文學
2.台灣-青少年文學

673.2 89010204